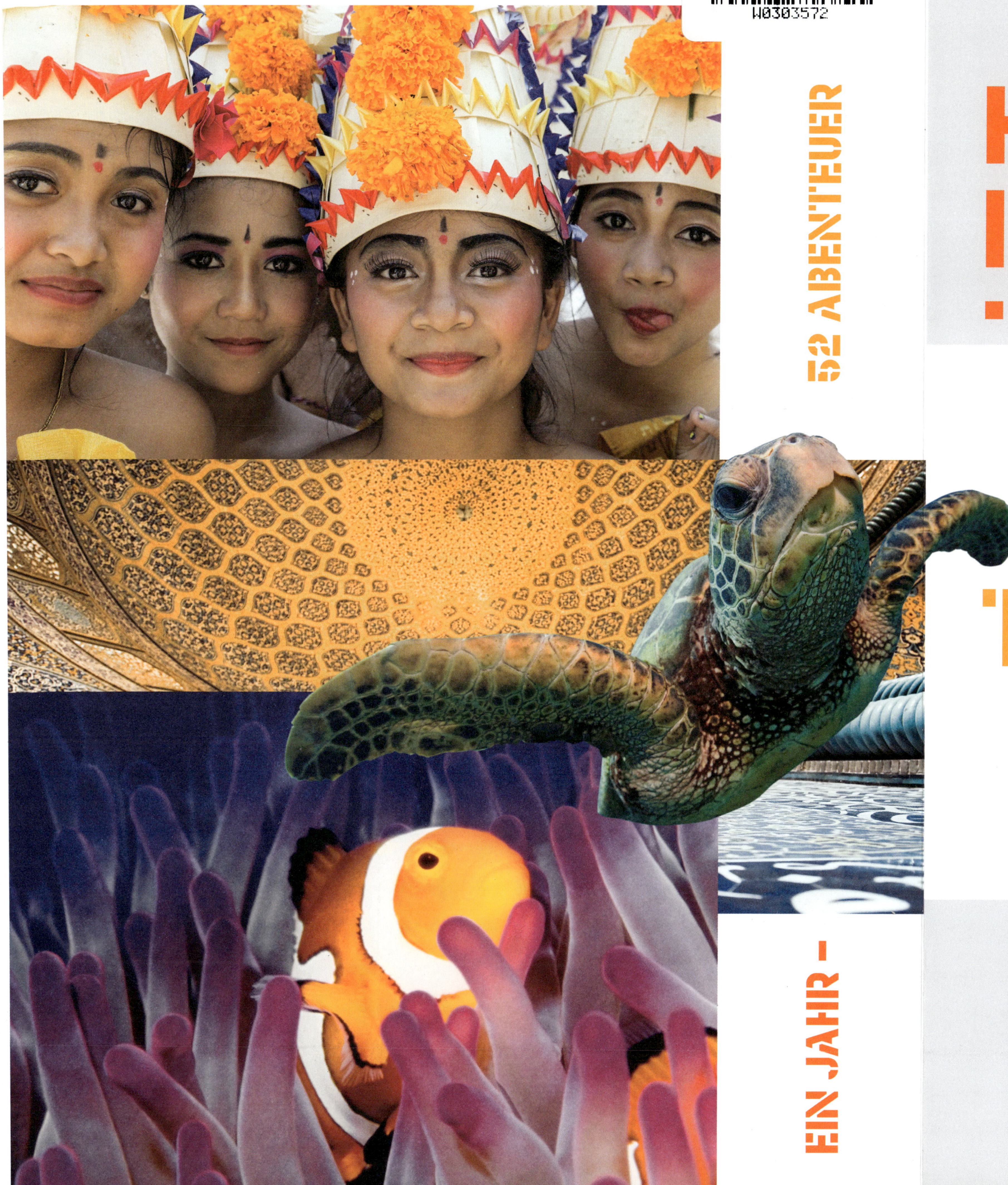

EIN JAHR – 52 ABENTEUER

EINMAL IM LEBEN ...

... ein Jahr freimachen
... sich auf die Reise begeben
... die Welt entdecken

Auf der Wunschliste stehen 52 ganz besondere, einzigartige Abenteuer.

Jetzt oder nie! Mach Deine ...

TRAUM. WELT. REISE.

Dieses Buch soll inspirieren. Ermutigen. Begeistern.
In jede seiner Seiten ist ganz viel Reise-Erlebtes geflossen, jede Menge Herzblut und Leidenschaft.
Sollten wir Sie angesteckt haben mit Fernweh und Reiselust, dann erzählen Sie uns von Ihrem ganz besonderen Erlebnis:
meintraum@marcopolo.de

Wir würden uns sehr freuen!

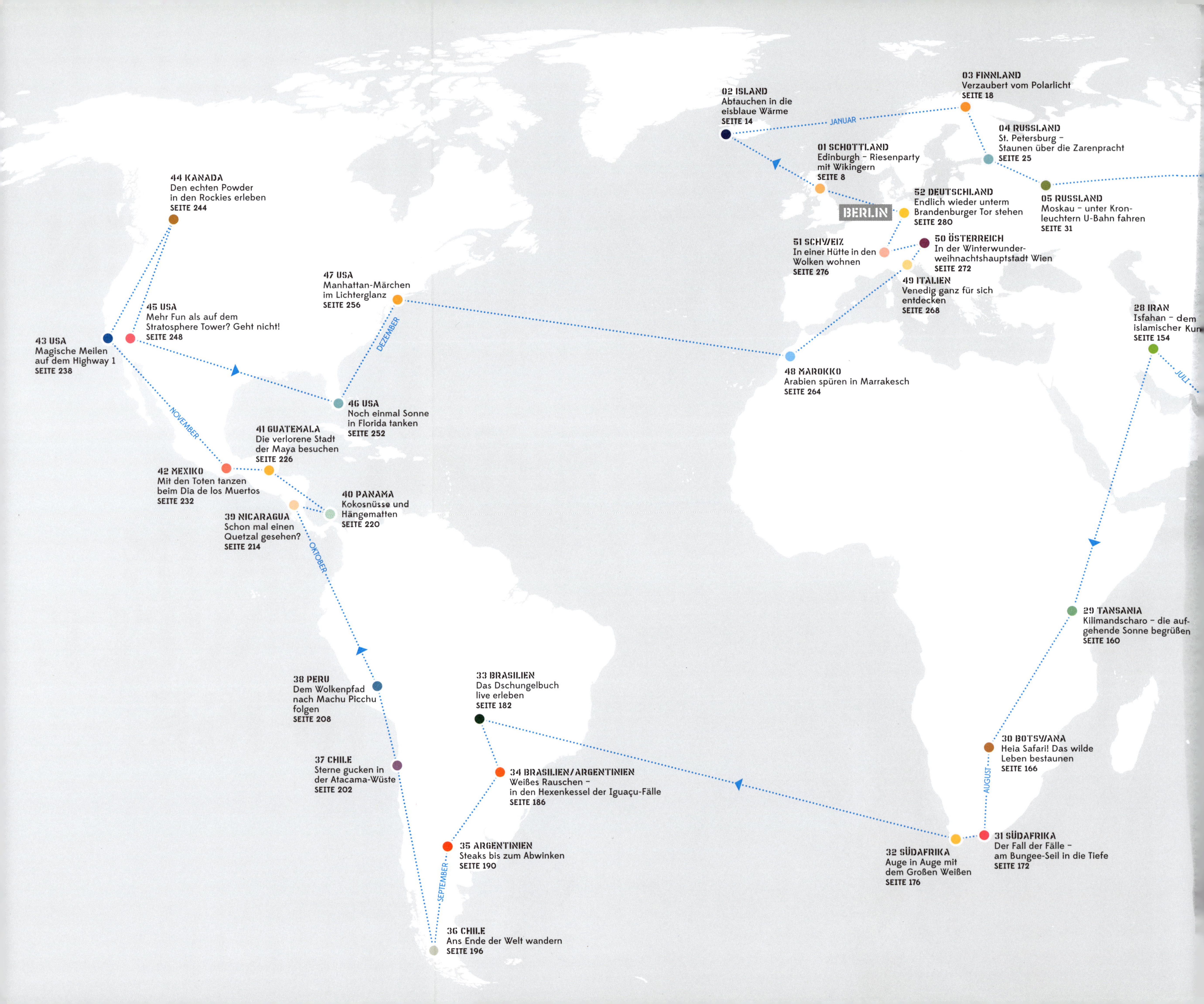

02 ISLAND
Abtauchen in die eisblaue Wärme
SEITE 14
03 FINNLAND
Verzaubert vom Polarlicht
SEITE 18
JANUAR
04 RUSSLAND
St. Petersburg – Staunen über die Zarenpracht
SEITE 25
01 SCHOTTLAND
Edinburgh – Riesenparty mit Wikingern
SEITE 8
52 DEUTSCHLAND
Endlich wieder unterm Brandenburger Tor stehen
SEITE 280
BERLIN
05 RUSSLAND
Moskau – unter Kronleuchtern U-Bahn fahren
SEITE 31
51 SCHWEIZ
In einer Hütte in den Wolken wohnen
SEITE 276
50 ÖSTERREICH
In der Winterwunderweihnachtshauptstadt Wien
SEITE 272
49 ITALIEN
Venedig ganz für sich entdecken
SEITE 268
44 KANADA
Den echten Powder in den Rockies erleben
SEITE 244
47 USA
Manhattan-Märchen im Lichterglanz
SEITE 256
DEZEMBER
45 USA
Mehr Fun als auf dem Stratosphere Tower? Geht nicht!
SEITE 248
43 USA
Magische Meilen auf dem Highway 1
SEITE 238
48 MAROKKO
Arabien spüren in Marrakesch
SEITE 264
28 IRAN
Isfahan – dem islamischer Ku
SEITE 154
JULI
46 USA
Noch einmal Sonne in Florida tanken
SEITE 252
NOVEMBER
41 GUATEMALA
Die verlorene Stadt der Maya besuchen
SEITE 226
42 MEXIKO
Mit den Toten tanzen beim Dia de los Muertos
SEITE 232
40 PANAMA
Kokosnüsse und Hängematten
SEITE 220
39 NICARAGUA
Schon mal einen Quetzal gesehen?
SEITE 214
OKTOBER
29 TANSANIA
Kilimandscharo – die aufgehende Sonne begrüßen
SEITE 160
38 PERU
Dem Wolkenpfad nach Machu Picchu folgen
SEITE 208
33 BRASILIEN
Das Dschungelbuch live erleben
SEITE 182
30 BOTSWANA
Heia Safari! Das wilde Leben bestaunen
SEITE 166
AUGUST
37 CHILE
Sterne gucken in der Atacama-Wüste
SEITE 202
34 BRASILIEN/ARGENTINIEN
Weißes Rauschen – in den Hexenkessel der Iguaçu-Fälle
SEITE 186
35 ARGENTINIEN
Steaks bis zum Abwinken
SEITE 190
SEPTEMBER
32 SÜDAFRIKA
Auge in Auge mit dem Großen Weißen
SEITE 176
31 SÜDAFRIKA
Der Fall der Fälle – am Bungee-Seil in die Tiefe
SEITE 172
36 CHILE
Ans Ende der Welt wandern
SEITE 196

TRAUM. WELT. REISE.

Der erste Schritt einer Reise ist der schönste: Alles liegt noch vor einem, ein ganzes Universum an Möglichkeiten, an Abenteuern, an noch nicht Entdecktem und noch nicht Gelebtem.
Das Heimelige, das Vertraute bleibt zurück, ein frischer Wind fährt einem unter die Flügel – und man fliegt, endlich, endlich. Und er ist der schrecklichste. Denn ja, das Heimelige, das Vertraute bleibt zurück. Man ist jetzt unbehaust, ein ganzes Jahr lang, keinen Anker mehr, ein Blatt, verwirbelt in jenem Lüftchen, das da so frisch dahergeweht kommt.

Dann folgt der zweite Schritt – und alles ist wieder gut. Das Vertrauen kehrt zurück, stark und fest, der Wind ist ein Freund und die Erde ein Ort, der voller Wünsche und Träume steckt. Die Richtungen all der vielen Schritte, die jetzt noch folgen und die zu einer Weltreise gehören wie der Rucksack zum Traveller, sind dann so unterschiedlich wie die Reisenden selbst.

Der eine hüpft ausschließlich von einer Insel zur nächsten um die Welt, ein zweiter macht nur Halt in den großen Metropolen, eine dritte bereist ausschließlich Länder, deren Namen mit einem „S" beginnen, und ein vierter will sowieso alle Staaten der Erde besuchen (was in einem Jahr aber wohl kaum zu schaffen ist). Die eine reist nur nördlich des Äquators, der andere nur südlich, und die nächste entlang eines Breiten- oder Längengrads.

Oder man begibt sich auf eine **Traum.Welt.Reise.**

Der Trip eines Jahres, konzentriert, verdichtet, komprimiert in 52 Erlebnissen. Abenteuer und Erfahrungen, im Regenwald und in der Wüste, im Hochgebirge und unter Wasser, in Häuserschluchten und unter Hüttendächern, zwischen freundlichen Menschen und wilden Tieren.
Eine Reise wie ein Traum. Mal sanft, als würde das tropisch warme Wasser des Golfs von Bengalen über einen hinwegfließen, mal aufregend wie ein Rugby-Spiel in Neuseeland oder pulsjagend wie ein Sturz aus großer Höhe beim Bungee-Sprung in Südafrika.
Ein Buch wie eine Reise.
So bunt und vielfältig, schaurig-schön und romantisch-leicht wie die Welt nun einmal ist, zwischen Kanada und Kap der guten Hoffnung, Island und Indien, Las Vegas und Lhasa.

Ein Buch wie ein Traum.
Den man träumen kann, ohne je den ersten Schritt machen zu müssen. Der einen trotzdem die Welt erfahren lässt.
Oder – der den ersten Schritt unvermeidlich macht. Der zum Nachreisen verführt.
Erst ein Erlebnis, dann zwei, dann sechs.
Und am Ende vielleicht alle 52.
Oder noch viel, viel mehr, immer weiter, denn wer weiß schon so genau, wohin die Reise geht.

Nach dem ersten Schritt.

Und dem zweiten.

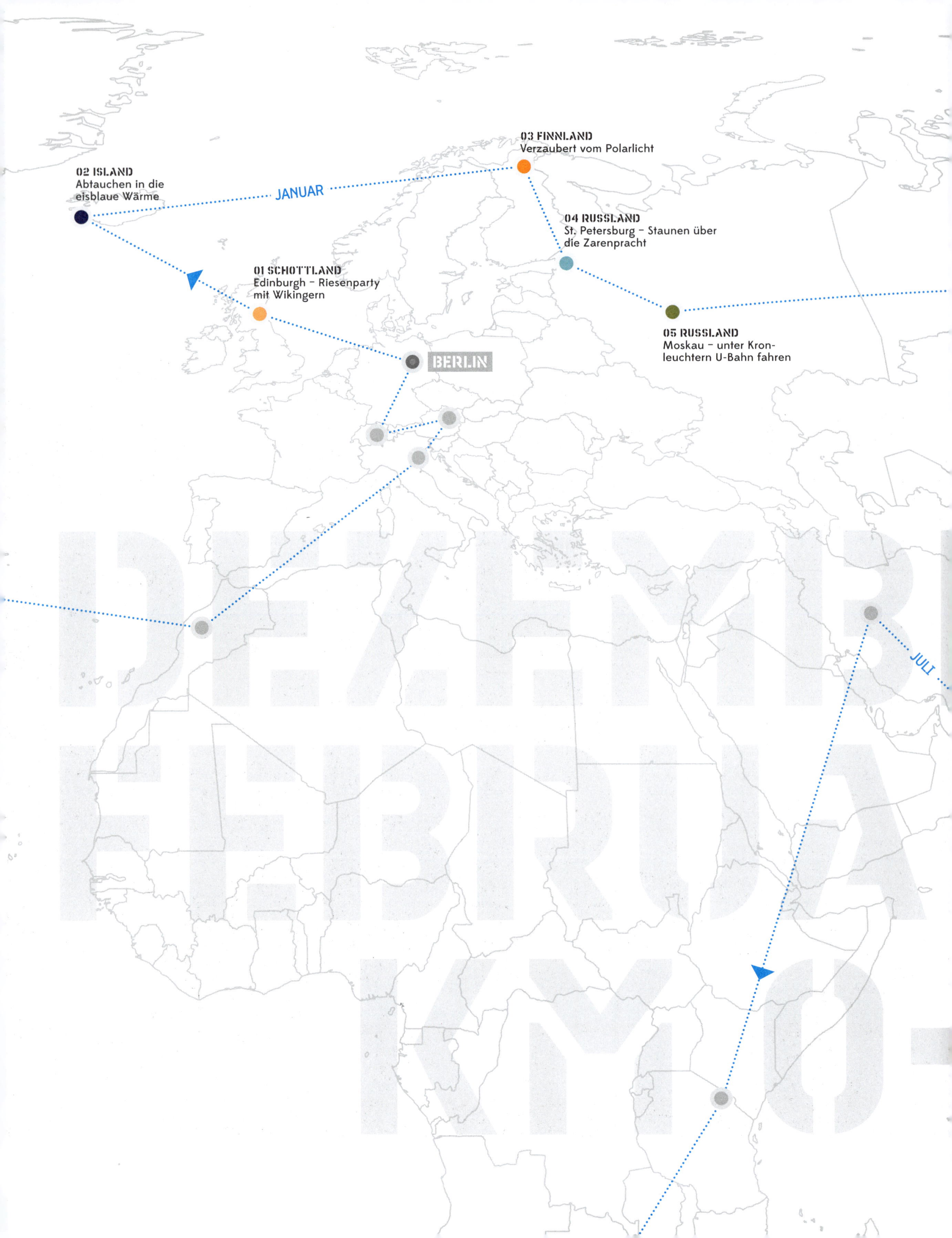
02 ISLAND
Abtauchen in die eisblaue Wärme
JANUAR
03 FINNLAND
Verzaubert vom Polarlicht
04 RUSSLAND
St. Petersburg – Staunen über die Zarenpracht
01 SCHOTTLAND
Edinburgh – Riesenparty mit Wikingern
05 RUSSLAND
Moskau – unter Kronleuchtern U-Bahn fahren
BERLIN
JULI

06 RUSSLAND
Transsib – 9288 Kilometer essen, schlafen, aus dem Fenster schauen
FEBRUAR
07 JAPANISCHES MEER
Kreuzfahrt in den Sonnenaufgang
JUNI
MÄRZ
MAI

ZUM AIRP

Das Herz schlägt wild …

**Der erste Schritt.
Und dann der zweite.
Es ist soweit: Die Reise hat begonnen.**

So unspektakulär ist er, der Aufbruch in die Welt, ins Abenteuer, ins Unbekannte und Exotische. Mit der Regionalbahn. Man wird dieses breite Grinsen einfach nicht los.

… in Erwartung der Ferne

Ziel: Flughafen. Und dann: hinaus in die große Weite. Oder zunächst einmal: nach Edinburgh. Da soll eine der größten Silvesterfeiern der Welt steigen. Besser geht's nicht: Die Reise beginnt mit einer Riesenparty!

ORT

ABHEBEN UND FLIEGEN!

EDIN BURGH

Es geht in den Norden Großbritanniens – und in die Vergangenheit.

Edinburghs Old Town, durch deren Herz die Royal Mile den Burghügel hinunterführt, ist wie eine Zeitmaschine. Fluchtpunkt: Mittelalter.
In der New Town dagegen geht's mitten hinein ins 18. Jahrhundert.
Stadtabenteuer mit zwei Gesichtern.

HURRAY, Hogmanay!

Geht die Sonne über der verschneiten schottischen Hauptstadt auf? Oder zieht Nebel durch den Geburtsort von Dr. Jekyll und Mr. Hyde? Highlander-Pathos oder Gruselatmosphäre? Auf jeden Fall: Vorfreude auf den Jahreswechsel in einer der stimmungsvollsten Metropolen Europas. Denn Edinburgh ist bereits mittendrin im Feiern. Hurray, Hogmanay!

Feuer, Fackeln, feiernde Wikinger. Hogmanay: drei Tage Partytaumel auf einer der größten Silvesterfeten der Welt. Am 30. Dezember: ein Fluss aus Licht bei der Torchlight Procession. Zum Jahreswechsel: eine gigantische Straßenparty unterhalb der Burg. Tanz, gälische Musik, DJs, Trinken, Lachen. Das alte Jahr versinkt im Freudentaumel.

#01

FOR AULD LANG SYNE, MY DEAR

SILVESTER FÜR DIE EWIGKEIT FEIERN

Schlag 12: Gänsehaut! Aus Tausenden von Kehlen tönt „Should auld acquaintance be forgot". Hände fassen sich an Händen. Das Feuerwerk bricht los. Partytaumel Princes Street. Über allem, wie seit mehr als tausend Jahren: das Edinburgh Castle. So muss das neue Jahr beginnen!

REYKJAVÍK

Reykjavík im Winter? Aber klar!

Die nördlichste Hauptstadt der Welt weiß nämlich, wie man mit Januarkälte umgeht – ab ins vulkanische Thermalwasser! Der perfekte Entspannungsstopp liegt ganz in der Nähe des Flughafens: die Blaue Lagune.

Das Wasser des Thermalfreibads wird erst zur Stromerzeugung genutzt – und dient danach dem Badespaß. Die Lavasenke ist zu zwei Dritteln mit Salz- und zu einem Drittel mit Süßwasser gefüllt.

HEISS!

#02

VULKANISCH FANTASTISCH – ABTAUCHEN IN DER BLAUEN LAGUNE

Tief durchatmen, hineingleiten, heißes Schweben im klirrend kalten Winter. Der Lagunen-Hotspot gibt sich kühl, seine Farben: schwarz, weiß, blau. Eis mit heiß. Die Gedanken verflüchtigen sich im Wasserdampf ... genießen auf isländisch.

FINN LAND

Von der Lagune nach Lappland

Warm leuchten die Kuppeln des Igluhotels aus der Schneedecke. Die Glasdächer geben den Blick frei auf den nächtlichen Winterhimmel im Norden Finnlands – die Bühne ist bereit für ein unvergessliches Naturschauspiel.

Mit dem Nordstern
als Kompass
Schlafen wie
die Eskimos

Wird der Himmel heute Nacht aufreißen?

Wenn die Wolken mitspielen, dann ist die Chance groß, im Himmel über dem einsamen Kakslauttanen das Nord- oder Polarlicht – die Aurora boeralis – zu sehen. Das faszinierende Farbenspiel entsteht, wenn geladene Teilchen des Sonnenwinds auf Luftatome der Erdatmosphäre treffen.

STERNEN-KINO REIHE 1

#03

VERZAUBERT VOM POLARLICHT

Der Atem steht in der frostigen Luft – das Firmament ist in Bewegung. Grüne Schleier werfen weite Bögen, schillern hinüber ins Gelbe, Blaue, Rote, Violette. Pulsierende Wolken aus Licht. Strahlen, Bänder, Kreise. Lichtbahnen in die Unendlichkeit. Die Wikinger dachten, das Nordlicht sei eine Botschaft der Götter.

Das Prasseln des Feuers

Pulver-schnee.

Pferde-nüstern.

Väterchen Frost.

SANKT PETERS-BURG

KUNST MÄRCHEN

#04

Stille Tage in St. Petersburg, die Bäume im Frost erstarrt.

Die Stadt, ein architektonischer Wintertraum aus Barock, Klassizismus und Jugendstil. Über der Newa prunkt der Winterpalast, das Herzstück der Eremitage. Sie ist eines der größten und bedeutendsten Kunstmuseen der Welt.

WINTER
PALAST
651 931 KUNSTWERKE
MÄRCHEN
WINTER

233 345 QUADRATMETER
749 582 ARCHÄOLOGISCHE ARTEFAKTE
3 102 917 GEGENSTÄNDE INSGESAMT

#04

DEM REICHTUM DER ZAREN NACHSPÜREN

Überwältigende Pracht in der Eremitage. Werke, aus den Tiefen der Zeit und von Meistern wie da Vinci, Michelangelo, Rembrandt, Renoir, Picasso, Monet, van Gogh … Unzählige Säle, für Zaren gemacht. Am Ende des Besuchs: sprachlos und kunstgesättigt. Aber glücklich.

IN WELCHER EINHEIT BEMISST MAN GLANZ?

13 932 RÜSTUNGEN UND WAFFEN

OS
AU

Nach St. Petersburg die nächste russische Großstadt. Moskau. Kreml, Roter Platz, Gorki-Park, Warenhaus GUM. Menschen, Metropolenleben, mächtig kalte Wintertage.

Unter der Stadt: eine andere Welt.

Die berühmte Moskauer Metro ist mehr als 300 Kilometer lang. Und weil eine ganze Reihe der fast 200 Stationen kunstvoll gestaltet sind, bezeichnen sie viele als schönste U-Bahn überhaupt.

Stuck und Gold für werktätige Massen

Und am Fenster ziehen ganze Museen vorbei

U-BAHN ATEMLOS

#05

UNTER KRONLEUCHTERN U-BAHN FAHREN

Moskaus Stationen, ein Kaleidoskop. Bunt, hell, mondän, strahlend, protzig, barock, patriotisch. Hohe Gewölbe, Marmorsäulen, Bronzeskulpturen, Stuckarbeiten, vergoldete Kompositionen – Untergrund-Kunst, die man gesehen haben muss. Unvergesslich.

5 · MOSKAU · RUSSLAND · KM 6280 · JANUAR

MOSKAU–WLADI-WOSTOK

...SIEBEN TAGE

TRANSSIB

Die Transsibirische Eisenbahn ist die längste befahrene Bahnstrecke der Welt.

In Moskau startet der Zug im Jaroslawler Bahnhof, erreichbar über die Metro-Station Komsomolskaja, einer der prunkvollsten des Metro-Netzes. Die Fahrt der Transsib endet im äußersten Osten Russlands, in Wladiwostok. Auf der Strecke gibt es auch Abzweigungen in die Mongolei und nach China.

… WARTEND,
… LESEND,
… 160 STUNDEN
… 9 2 8 8 KILOMETER

... SCHLINGERN.

... PLAUDERND

... SCHAUKELN,

... SCHIEBEN,

#06

SCHIENENABENTEUER: OSTWÄRTS DURCH DIE KÜHLTRUHE

Asien ruft. Auf dem Reiseplan Fernweh-Sehnsucht-Orte wie: Sibirien, Wolga, Amur, Nowosibirsk, Ulan Ude, Baikalsee, Ural, Taiga. Ihr Klang hallt nach, vermischt sich mit dem Rattern des Zuges.

WLADI WOSTOK

Sieben Tage Enge, sieben Tage in Bewegung, sieben Tage Eiseskälte. Die Temperaturen fallen ins Bodenlose, minus 20, minus 30 Grad. Endlich: Ankunft. In einer Stadt namens „Beherrsche den Osten". In Wladiwostok wartet das Schiff. Es geht hinaus, auf den winterlichen Pazifik. Japan wartet!

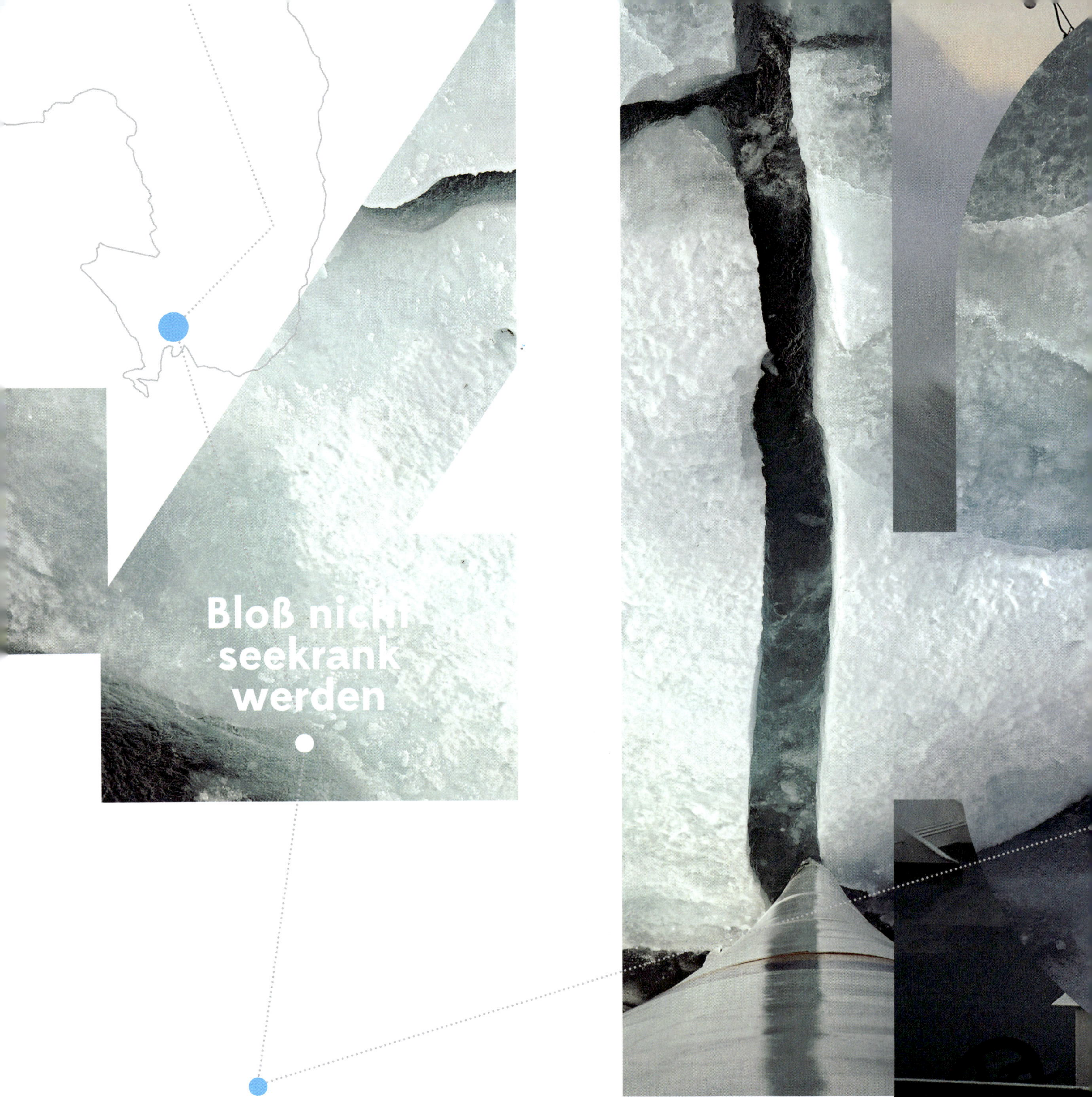

Bloß nicht seekrank werden

Die kalte Schulter des Pazifik

Zwei Tage und Nächte auf See. Wer Glück hat, erlebt eine ruhige Überfahrt. Manchmal zeigt das Meer aber auch die Zähne. Es stampft und rollt an Bord, es braust und brandet. Eine Verschnaufpause gibt's im koreanischen Donghae. Dann, noch einmal tief Luft holen – und Anker werfen in Sakaiminato in Japan.

#07

KREUZ FAHRT IN DIE AUFGEHENDE SONNE

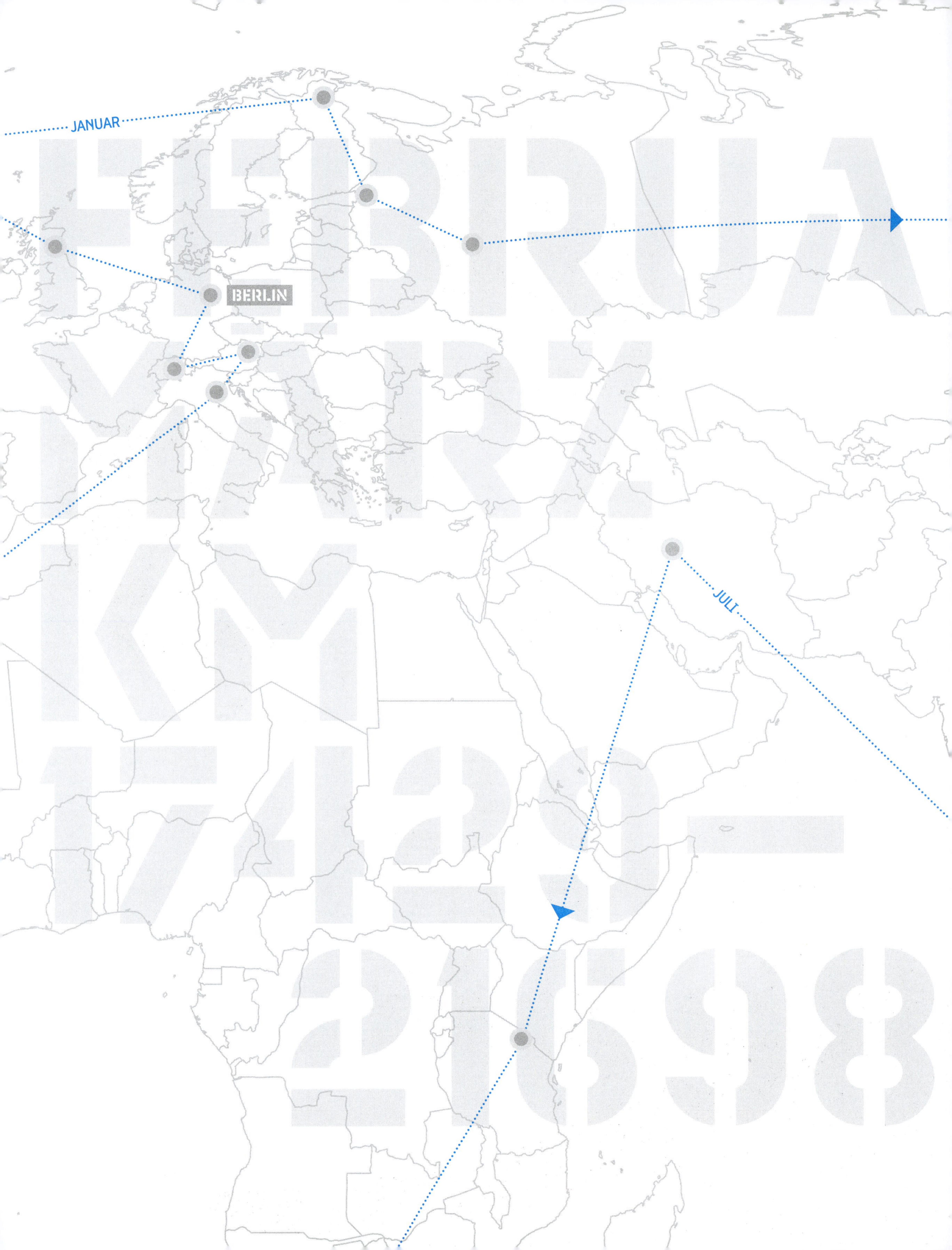
JANUAR
BERLIN
JULI
FEBRUA
MÄRZ
KM
17429–
21698

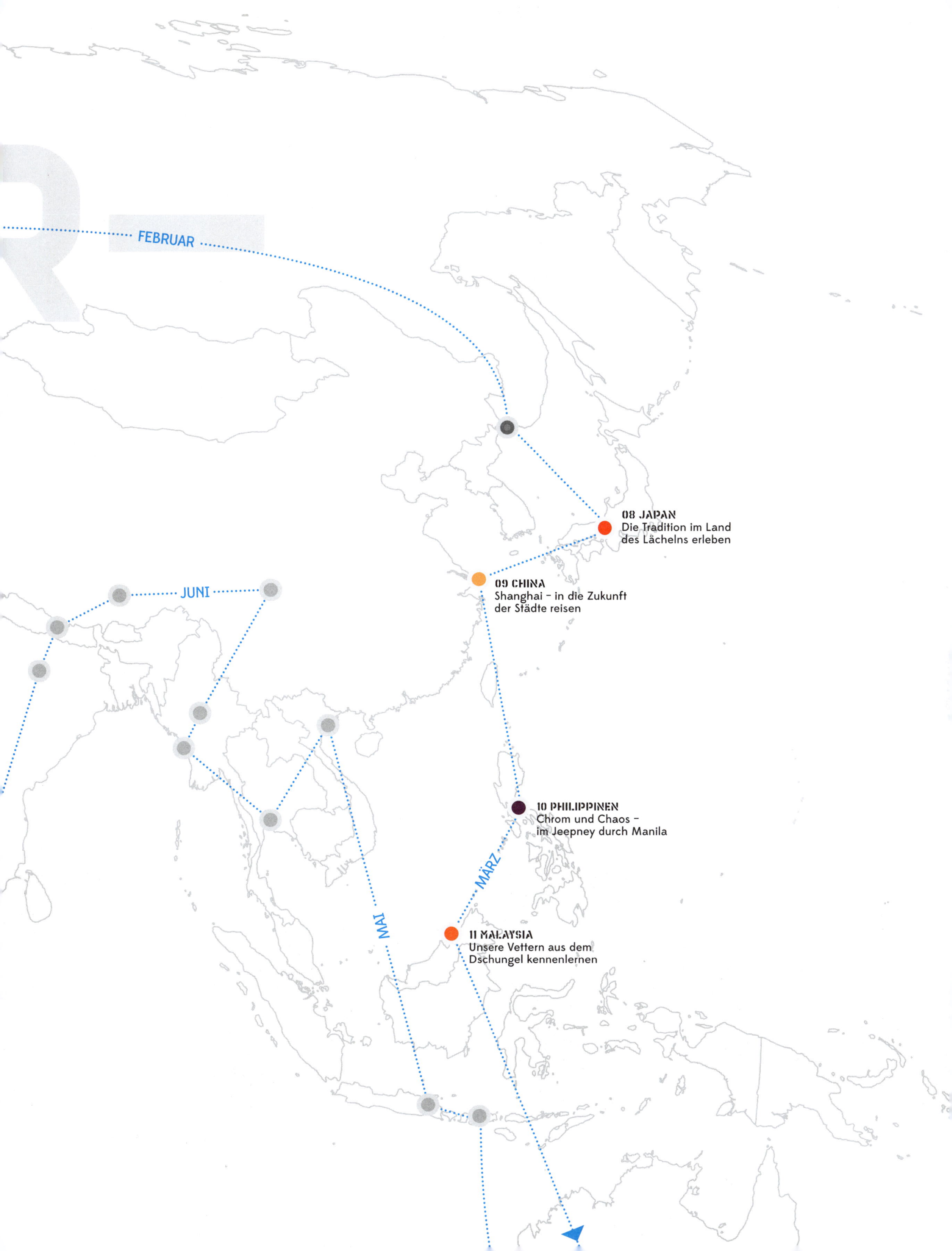
FEBRUAR
08 JAPAN
Die Tradition im Land
des Lächelns erleben
09 CHINA
Shanghai – in die Zukunft
der Städte reisen
JUNI
10 PHILIPPINEN
Chrom und Chaos –
im Jeepney durch Manila
MÄRZ
MAI
11 MALAYSIA
Unsere Vettern aus dem
Dschungel kennenlernen

JAPAN

Schnee in Japan. Da gehen sogar die Affen baden: heiße Quellen gegen den Winterblues.

Kyoto hat sich einen weißen Mantel umgeworfen. Nicht nur in der uralten Kaiserstadt, sondern überall im Land der aufgehenden Sonne stapft mit großen Schritten durch den Schnee: die längst vergangene Zeit.

Shintō,
der Weg der Götter

Wie isst man Nudelsuppe mit Stäbchen?

ZWISCHEN JAHR TAUSENDEN NUR EIN WIMPERN SCHLAG

Tausend Mal Geschichte

Eine Reise durch Japan. Unterwegs mit pfeilschnellen Zügen, um anzukommen an Orten, in denen scheinbar die Zeit anhält. Zwischen Tradition und Moderne, zwischen Geisha und Manga, geht es von Kyoto nach Tokio – und zu Japans heiligem Berg.

und zurück

MT. FUJI

#08

FASZINIERT VON EINER ANDEREN ZEIT

Das Land des Lächelns. Verwirrend, betörend, süchtig machend. Und dann, dieser Ort: die Chureito-Pagode vor Japans heiligem Berg. Ein Bild von einem Vulkan, eine perfekte Pyramide, wie herausgestanzt aus der glasklaren Winterluft. Für die Ewigkeit.

SHAN GHAI

Sie ist die wohl spannendste Stadt Chinas und eine der aufregendsten der Welt.
Alles, was neu ist im Riesenreich der Mitte, wird hier versucht, ausprobiert, angetestet.
Der perfekte Kontrapunkt zum traditionellen Japan.

Hoppla, sind wir schon im 23. Jahrhundert?

Schau Dir diese Skyline an!

Lass uns durch die Geschichte flanieren

Am Bund ist die koloniale Vergangenheit quicklebendig. Und gegenüber, am anderen Ufer des Pudong, herrscht Eleganz und Leichtigkeit in Stahl und Glas – hallo Zukunft!

Der wohl schönste Himmelsstürmer: das mit seiner Nadelspitze in die Wolken ragende Jin Mao Building.

ZUKU

#09

DIE ÜBERMORGEN-STADT BESUCHEN

Der Tag beginnt. Fließende Qigong-Übungen vor der kolonialen Pracht am Bund. Das Tuten der Fähren auf dem Fluss. Die Strahlen der aufgehenden Sonne zersplittern im Wolkenkratzerglas. Das Licht blendet: Die Zukunft ist da. Was für ein Anblick ...

MAN ILA

Noch eine Metropole in Asien: Manila, Hauptstadt der Philippinen.

Die „Perle des Orients“, immer knapp am Kollaps. Zwei Millionen Menschen allein im Zentrum, tobender Verkehr, riesige Slums. Aber auch: eine Stadt voller Kultur, Nachtleben, Live-Musik und leckerem Essen. Manila wird cool, sagt man.

TEMPO

Mitschwimmen im reißenden Strom

OHNE LIMIT

DER RITT AUF

DEM DRACHEN

10

IM GESAMTKUNSTWERK DURCHS VERKEHRSCHAOS

Durch den Moloch im Jeepney, dem notorischen Stauverursacher, Massentaxi, Chaoskönig. Chromblitzend, farbenfunkelnd, überladen und vollgepackt, ohne Air Condition, aber mit offenen Fenstern: Auto-Abenteuer im rasanten Wirbel der City. Manila: Wer noch nicht da war, muss unbedingt hin.

Aus dem Lärm und dem Chaos von Manila-Mega-City in den Urwald im Südosten Borneos. Großstadtdschungel versus Schlingpflanzennatur, Würgefeigen statt Smogwürgegriff. Im Sepilok Forest Reserve nahe der Stadt Sandakan.

BORNEO

Einladung zu einem besonderen Familientreffen:

ORA NG

Besuch bei unseren wilden Vettern

Orang-Utans sind eine gefährdete Spezies. Mit viel Glück kann man ihnen bei Wanderungen in der Danum Valley Conservation Area, einem mehr als 400 km² großen Stück relativ unberührten Urwalds, in freier Wildbahn begegnen. Garantiert trifft man auf die Menschenaffen mit dem rotbraunen Fell im Sepilok Rehabilitation Centre: Hier werden gerettete Jungtiere auf die Auswilderung vorbereitet.

Ein Lebensraum
schwindet für den …

KÖNIG DER LÜFTE

11

BLICKE, DIE BIS IN DIE SEELE REICHEN

Unter den Bäumen brüten die Tropen, die Luft steht, selbst die Geräusche des Urwalds klingen gedämpft durch die Watte aus Hitze. Schattierungen von Grün, Grün, Grün, hell-flirrend, dunkel-lauernd. Dann: ein Knacken, ein rostroter Fleck wischt durch die Bäume. Kluge Augen, Blicke zwischen Interesse und Gleichgültigkeit. Eine einzigartige Begegnung.

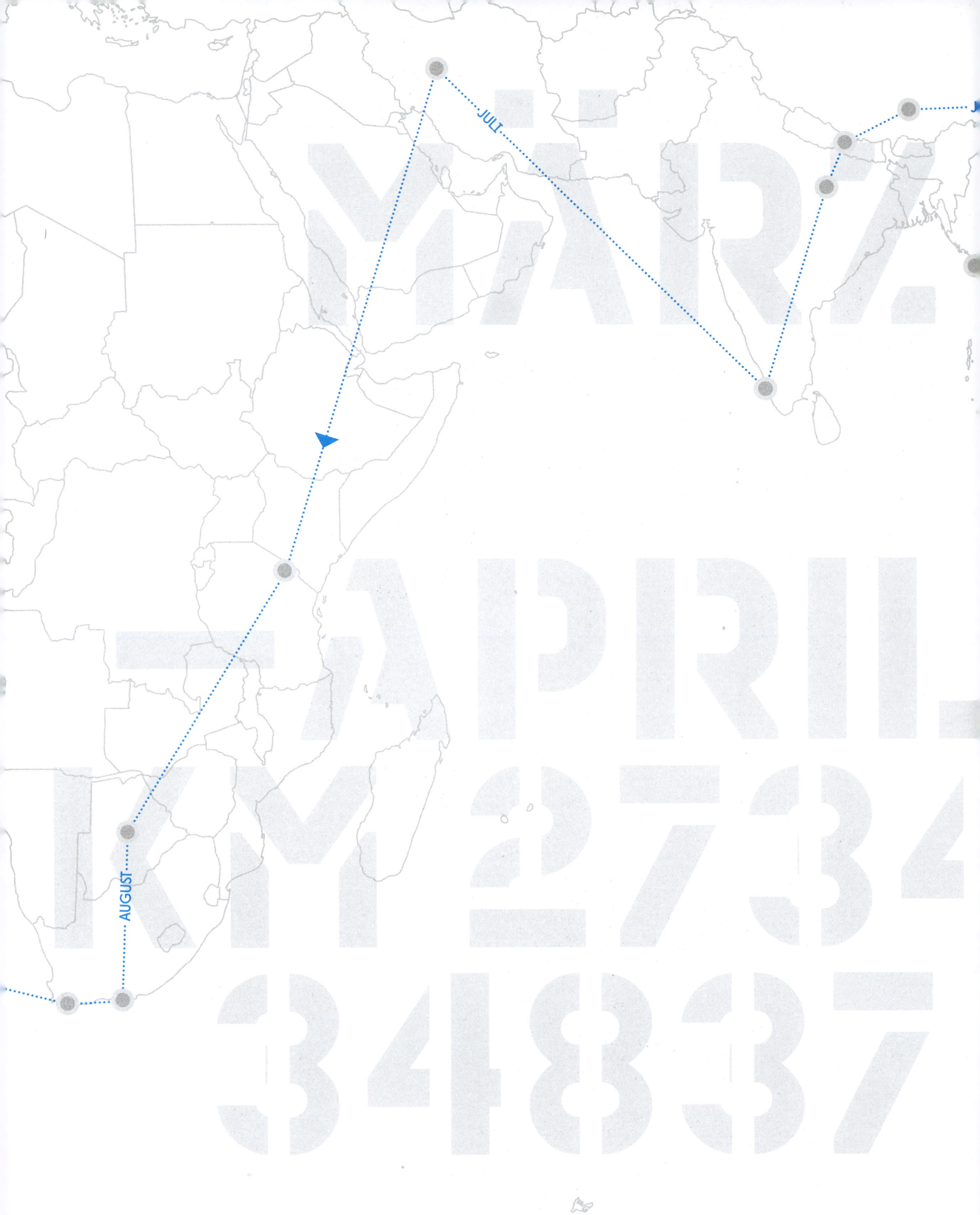
JULI
APRIL
KM 2734
AUGUST
34837

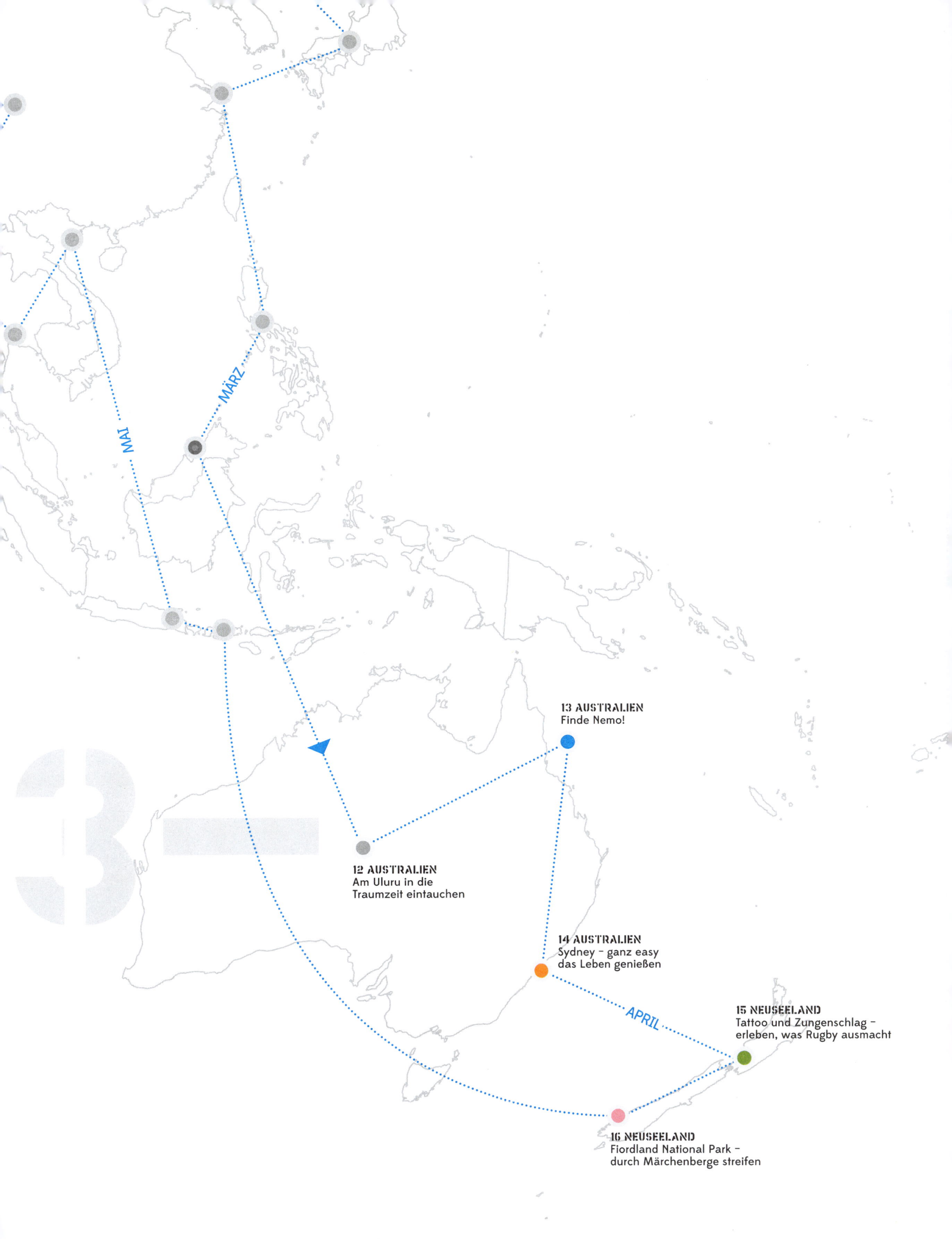
MÄRZ
MAI
12 AUSTRALIEN
Am Uluru in die
Traumzeit eintauchen
13 AUSTRALIEN
Finde Nemo!
14 AUSTRALIEN
Sydney – ganz easy
das Leben genießen
APRIL
15 NEUSEELAND
Tattoo und Zungenschlag –
erleben, was Rugby ausmacht
16 NEUSEELAND
Fiordland National Park –
durch Märchenberge streifen

ULU RU

Willkommen auf dem Roten Kontinent.

Jetzt heißt es: über Stock und Stein steuern, keine Tankstelle mehr auslassen, immer genügend Wasser an Bord haben.
Das nächste Ziel – liegt mitten in der Wüste.
Die Felszeichnung der Aborigines, Zeugen ihrer mythischen Traumzeit, weisen den Weg.

Unter einer Kuppel aus flirrender Hitze

45 Grad Hitze. Fliegen. Roter Staub. Und dann: dieses unendliche Gefühl der Freiheit. Die Weite Australiens, getaucht in gleißendes Licht.

Stundenlang das Rütteln und Schaukeln des Geländewagens. Klar, man kann auch über einen ordentlich ausgebauten Highway ins Herz des Kontinents fahren. Aber wo bleibt da der Spaß?

MAGISCHER MONOLITH

12

AUF TRAUMPFADEN ZUM HEILIGEN BERG

Der Uluru. Wo sich die Traumpfade der Aborigines begegnen. Langsam taucht er aus der Wüste auf. Traumzeit. Die Textur der Felsen, die Schrunden und Spalten. Die Farbenspiele der Sonne und der Wolken. Zu Fels erstarrte Erhabenheit. Ehrfurchtgebietend.

75 · ULURU · AUSTRALIEN · KM 27343 · MÄRZ

GREAT BARRIER REEF

Aus der Wüste ins Wasser.

Zum größten und ältesten Korallenriff überhaupt, dem Great Barrier Reef vor der Nordostküste Australiens.
Leben im Rhythmus des Meeres: tagsüber tauchen, nachts, unter den Sternen, das sanfte Wiegen der Dünung.

#13

SCHWEBELEICHT DURCHS RIESENAQUARIUM

Hallo Aliens! Wer hat Euch denn diese Farben verpasst? Ihr leuchtet und strahlt in Eurer eigenen, faszinierenden Welt. Hier ist man nur noch Auge, lässt sich treiben, untermalt vom Soundtrack der eigenen Atemzüge. Auftauchen? Wirklich? Jetzt schon?

SYDNEY

Auftauchen in der Weltstadt in kurzen Hosen: Nirgendwo sonst auf der Welt scheinen Strand und Wellen dem Alltag näher zu liegen als in Sydney.

Morgens im Businessanzug ins Büro, nachmittags im Neoprenanzug zum Surfen in die Wellen. Rund 170 Strände gibt es im Stadtgebiet. New York, Paris, Berlin – da könnt Ihr nicht mithalten!

SY

No worries, mate!

Das Leben – eine lange Welle

EINMAL LEBEN WIE DIE SYDNEYSIDER

Easy Living. Aus der City mit der Fähre an den Strand, vielleicht Bondi Beach, vielleicht Athol Bay mit Traumblick auf die Skyline. Mini-Kreuzfahrt durch einen der schönsten Häfen der Welt. Als Kulisse: die weltberühmte Oper, die Harbour Bridge. Sydney, mit einem Herz aus sandigem Gold und einer Seele aus türkisgrüner See.

#14

In der City pulsieren die Geschäfte. Aber das Herz schlägt für den Wind und die Wellen.

CITY

Wie Bus fahren, nur mit Gischt und dem Wind um die Nase: Die Sydney Ferries verkehren auf den Wasserwegen der Stadt und zu den Stränden und Vororten. Schöner kann Nahverkehr nicht sein.

ALL BLACKS

Die einzige Sorge, die die Neuseeländer hätten, so sagt man, sei nicht, dass ihre beiden Inseln am Ende der Welt von der Erde kippten. Sondern, dass das niemand bemerken würde. Eine Angst, die unbegründet ist – und sei es nur deshalb, weil die All Blacks, das Rugby-Team aus dem „Land der langen weißen Wolke“, das beste Team der Welt sind.

Raufen, rangeln, triumphieren

Brüllen, anfeuern, mitleiden

15

INTENSIVER KAMPF – SPÜREN, WAS RUGBY AUSMACHT

Da stehen sie, in einer Reihe. Echte Kolosse, muskelbepackt, ganz in Schwarz. Sie stampfen auf, rollen die Augen, brüllen ihre Schlachtrufe. Haka, der Kriegstanz. Ritual vor jedem All-Blacks-Spiel. Furchterregend, mitreißend, elektrisierend. Die Zuschauer toben, sind mit ganzem Herzen dabei. Rugby, härter als beinhart.

Im Süwesten von Neuseelands Südinsel.

Tief eingeschnittene Fjorde, himmelsstrebende Gipfel, spiegelnde Seen. Buchstäblich das Reich von Zauberern, Zwergen, Orks und Elfen. Wanderwege durchziehen die Einsamkeit der Wildnis, darunter der weltberühmte, mehr als 100 Jahre alte Milford Track. Rucksack packen, Stiefel schnüren!

AM ENDE

DER WELT DER HIMMEL

... bis in die Wolken

Auf abenteuerlichen Pfaden...

TOP TRIP

DURCH MÄRCHENBERGE STREIFEN

Heftig beißende sandflies, stundenlanger Regen, Kälte. Dann wieder: blauer Himmel, tiefgrüner Regenwald, lange weiße Wolken und dieses kristallklare Licht, das es nur hier im Fiordland gibt. Wanderer zwischen den Welten, Du erlebst gerade den Trip Deines Lebens!

16

93 • FIORDLAND-NATIONALPARK • NEUSEELAND • KM 34387 • APRIL

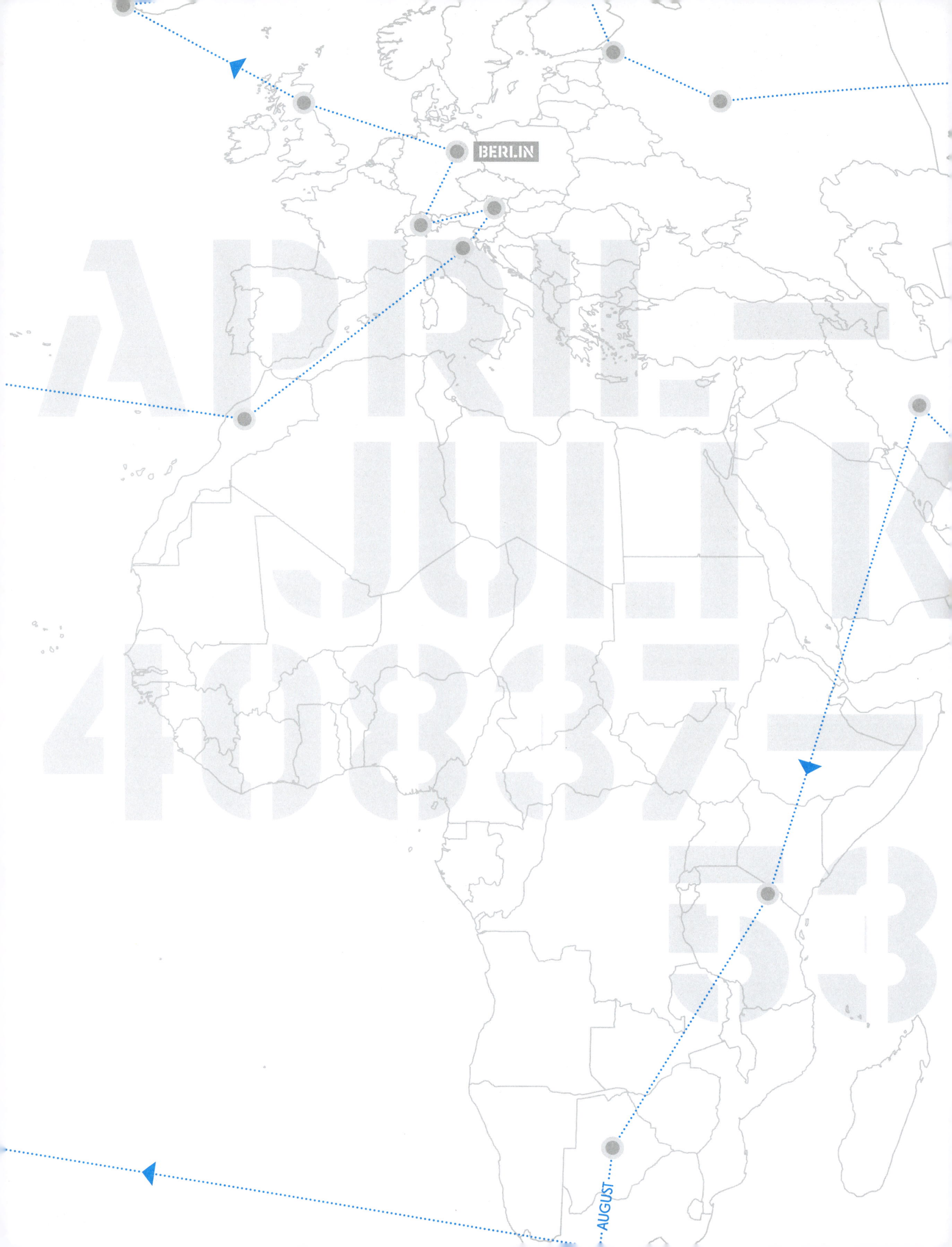
BERLIN
AUGUST

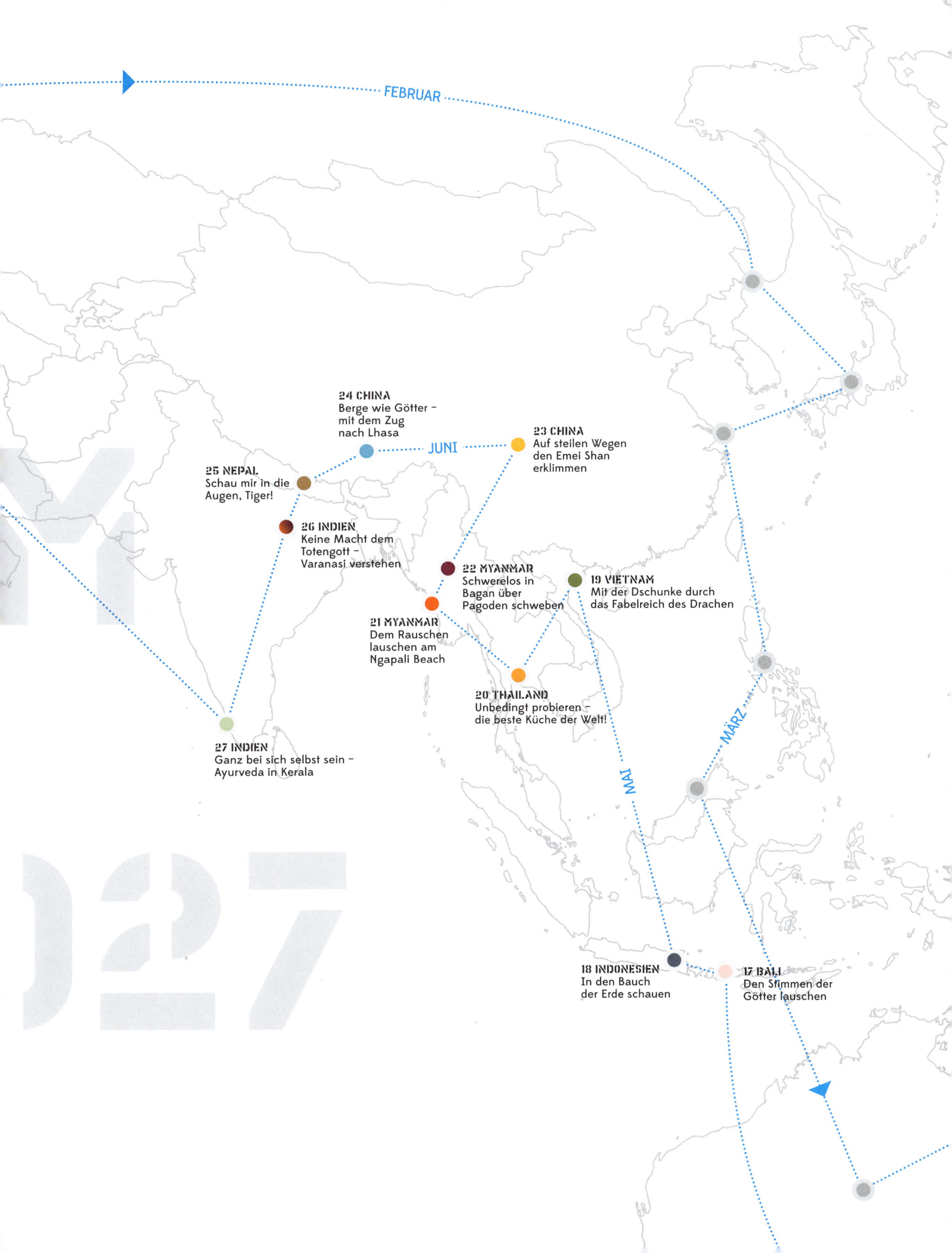
FEBRUAR
24 CHINA
Berge wie Götter – mit dem Zug nach Lhasa
JUNI
23 CHINA
Auf steilen Wegen den Emei Shan erklimmen
25 NEPAL
Schau mir in die Augen, Tiger!
26 INDIEN
Keine Macht dem Totengott – Varanasi verstehen
22 MYANMAR
Schwerelos in Bagan über Pagoden schweben
19 VIETNAM
Mit der Dschunke durch das Fabelreich des Drachen
21 MYANMAR
Dem Rauschen lauschen am Ngapali Beach
20 THAILAND
Unbedingt probieren – die beste Küche der Welt!
27 INDIEN
Ganz bei sich selbst sein – Ayurveda in Kerala
MÄRZ
MAI
18 INDONESIEN
In den Bauch der Erde schauen
17 BALI
Den Stimmen der Götter lauschen
027

BALI

Zwei Inseln, zwei Welten. Vom ursprünglichen Neuseeland ins sanfte Bali.

Hier, im Schatten des Vulkans Gunung Agung, ist die Religion Teil des Alltags wie kaum anderswo auf der Welt. Fast jeden Tag findet auf der Insel der Götter an einem anderen Ort eine Feier statt. Odalan heißen die prunkvollen hinduistischen Tempelfeste.

Versunken in der Zwiesprache mit den Geistern der Ahnen

Den Stimmen der Götter lauschen

Ein Wirbel aus Farben, die besten Kleider, Opfergaben als riesige Türme aus buntem Obst, aus Reis und exotischen Blumen auf den Köpfen der Frauen. Kunstvoll geflochtene Palmblätter im warmen Tropenwind.

Tiefe Gongschläge verkünden die Ankunft der Götter. Der Zug der Gläubigen, untermalt von Zimbeln, Trommeln, Gamelan-Klängen. Religiöse Inbrunst, Jahrmarkt-Atmosphäre – und positive Energie, die Monate reichen wird.

FREUDE UND HARMONIE

PURA DALEM • TODESTEMPEL

#17

JAVA

**Balis Vulkane schlummern meist.
Aber nur wenige hundert Kilometer entfernt rumort es kräftig.**

Der Gunung Bromo auf der indonesischen Insel Java. Ein Stratovulkan, aufgebaut aus Lavaschichten unzähliger Ausbrüche, ein fast perfekter Kegel. 2329 Meter lauernde Explosivkraft: Der jüngste Spross des Tengger-Vulkan-Massivs liebt es feurig, Ausbrüche sind keine Seltenheit.

Verkünden die Rauchwolken Unheil?

AN DEN ANFANG DER WELT WANDERN

Die Nacht ist eisig, um 3 Uhr geht's los. Der Strahl der Handlampe huscht durch die Schwärze. Zwei Stunden dauert er, der Aufstieg auf eigene Faust auf den Mount Bromo. Und dann schiebt die Sonne die Nacht beiseite – und es ist, als sei man durch die Dunkelheit auf einen anderen Planeten gewandert. So mag er ausgesehen haben, der Anfang der Welt.

105 • **JAVA** • INDONESIEN • KM 41099 • APRIL

HA LONG BAY

Genug vulkanische Aufregung! Zeit für Entspannung auf dem Südchinesischen Meer.

Stille Tage in der „Bucht des untertauchenden Drachen". Sie ist Weltnaturerbe und eines von Vietnams wichtigsten Touristenzielen: die Halong-Bucht mit ihren 2000 Inseln und Inselchen, die sich zu einem Labyrinth aus sagenhaften Kulissen fügen. Eine Welt, die sich dem eröffnet, der an Bord einer traditionellen vietnamesischen Dschunke geht.

... an Bord
einer Dschunke
...

... die Seele
sich öffnen
lassen

DURCH DAS FABELREICH DES DRACHEN

Die Nacht hat Regen gebracht. Doch jetzt lugt die Sonne durch den Frühnebel über der Halong-Bucht, glitzert auf spiegelglattem Meer. Lässt die Eilande rundum, Türme, Kegel, Spitzen, wie neu erstrahlen. Das Schiff treibt leise durch diese Wasserwunderwelt, besucht Menschen, die in schwimmenden Dörfern leben, verschmilzt mit Wind und Wellen. Stille Tage in der „Bucht des untertauchenden Drachen" ...

#19

THAILAND

Ach Du liebes Bisschen!

Es gibt Menschen, die bezeichnen die thailändische Küche als die beste der Welt. Indien hat in den Gerichten feurige Spuren hinterlassen, China und Indonesien ebenso. Am besten schmeckt's am Straßenrand: Thailands omnipräsente Garküchen sind legendär. Und verführen wie hier in Bangkok zu einem Bissen da und einem Bisschen dort.

IM THAI-GENUSS VERSINKEN

Kopfhoch schlagen die Flammen. Der Duft: köstlich! Die Küche: ein Karren mit Gas-Wok und einem Kühlschrank. Der Teller: aus Blech. Die Stühle: aus Plastik. Das Essen: duftend, knackig-frisch, exotisch-fremd. Und schaaaarf! Die Atmosphäre: quirliger Nachtmarkt, hektisch, tropisch, lebendig. Alles in allem: schlicht herrlich!

KOCHKUNST #20

FRUCHTIG

Myanmar ist das, was Thailand noch vor vielen, vielen Jahren war – ursprünglich.

Aber der Tourismus nimmt Fahrt auf. Das Land, das 50 Jahre lang von der Welt isoliert war, hat viel nachzuholen. Und: viel zu bieten. Fantastische Pagoden in leuchtendem Gold, eine lebendige Tradition, kontaktfreudige Menschen. Noch nimmt das Leben hier seinen gemächlichen Lauf. Es ist Zeit, vorbeizuschauen!

MYANMAR

Wo habe ich
eigentlich …
…. meine Uhr
gelassen?

EBBE UND FLUT

TAG
UND
NACHT

SONNE
UND
MOND

Jetzt ist Zeit für ein wenig Traumstrandsehnsucht. Am Ngapali Beach wird sie gestillt: kilometerlanger weißer Sand, das tiefblaue Wasser des Golfs von Bengalen, Fischer, die im Lauf der Gezeiten leben, ihr Fang, der superfrisch auf den Teller kommt. Und die Bungalows der knapp zwei Dutzend Resorts verkrümeln sich malerisch zwischen den Palmen.

DEM RAUSCHEN LAUSCHEN

Schon mal wirklich darauf geachtet, wie sich Palmen in einer leichten Brise anhören? Das wispert und ratscht, es flüstert und knarzt. Manchmal rauscht es auch, wie die Wellen. Der perfekte Soundtrack fürs Hängematten-schläfchen. Wenn man nicht gerade den Pool erobert. Oder sich aufs Meer träumt. Oder einfach nur Zeit, Zeit, Zeit vorbeiziehen lässt.

#21

BAGAN

Weit reicht die Geschichte Myanmars zurück. In Bagan öffnet sich ein Fenster zu goldenen Zeiten.

2000 buddhistische Tempel auf mehr als 40 Quadratkilometern: Old Bagan ist eine wahrhaft riesige Schatzkiste. Tage könnte man hier verbringen, zwischen uralten und restaurierten Tempeln und Pagoden von unbeschreiblicher Schönheit, zwischen kunstvollen Reliefs und Altarbildern, Buddhastatuen und goldenen Kuppeln.

„Dies ist Burma – …

… und es wird wie kein anderes Land sein, …

… das du kennst.“

Rudyard Kipling, britischer Literaturnobelpreisträger und Asienkenner, schrieb diese Worte 1889. 140 Jahre später haben sie immer noch Bestand. Burma, Birma, Myanmar – der Name wechselte, die Regierungen und ihre Grausamkeiten auch. Aber die Schönheit, das Sehnsuchts- und Geheimnisvolle hat das Land nie verloren.

TRAUMZEIT

SCHWERELOS ÜBER PAGODEN SCHWEBEN

Der Ballon gleitet – lautlos, schwerelos, zeitlos. Die Luft ist wie Seide. Ein Stoff, aus dem Jahrtausende gewoben sind. Es geht aufwärts, der Blick wird weit. Tempelkuppeln, -spitzen, -türme so weit das Auge reicht, bleiben unter den Fahrenden zurück, Schattenspiele, Konturen verwischen im Dämmernebel. Es ist, als würden uralte Zeiten das Heute umfließen.

#22

EMEI SHAN

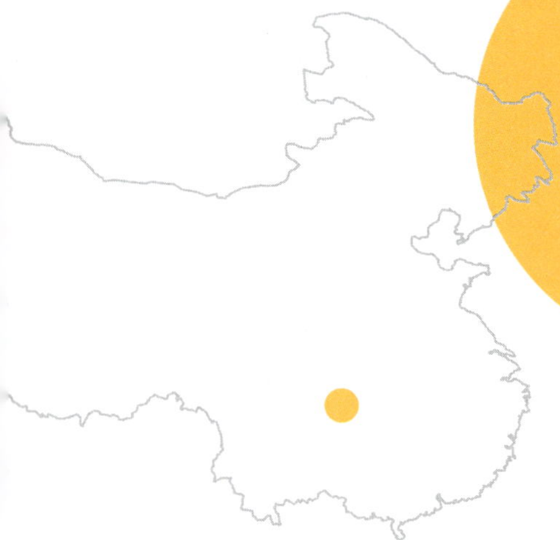

3099 Meter hoch, die Berggrate geformt wie geschwungene Augenbrauen:

Der Emei Shan ist einer der vier heiligen Berge des Buddhismus in China. Wer ihn besucht, steigt – Stufe um Stufe – vom Sommer in den Winter. Und aus der Gegenwart ins Gestern, in eine Welt grüner Bäume, verwunschener, jahrhundertealter Tempel und Orte, die so poetische Namen tragen wie „Lausche der Quelle am Tiger-Bach" oder „Der fliegende Wasserfall, der über dem Drachentor hängt".

IN EINER SÄNFTE? IM ERNST?

Steile Pfade

Unzählige Treppen

#23 – HIMMELSNAH

VOM GOLDENEN GIPFEL INS WEITE SCHAUEN

Zwei Tage Aufstieg. Die Bronzepagode am „Kloster des geduckten Tigers" bewundert, dem Bachrauschen am „Pavillon des reinen Klangs" gelauscht, tief geschlafen im „Ewigkeitskloster". Und am Ende: der Tempel auf dem Goldenen Gipfel. Prachtvoll zweifellos, aber von der Natur zum Statisten degradiert: Die Sonne geht auf. Der Himmel ist wolkenlos. Der Blick reicht bis Tibet.

XINING – LHASA

CHINA–TIBET

5068 Meter – der höchste Punkt, den die Tibet-Bahn erreicht. Keine Eisenbahn der Welt kommt dem Himmel näher.

Rund 2000 Kilometer sind es von der Millionenstadt Xining am östlichen Rand des Tibet-Hochlands bis nach Lhasa, der Kapitale auf dem Dach der Welt. Fast die Hälfte der Strecke verläuft auf einer Höhe von mehr als 4000 Metern.
24 Stunden lang geht es durch ein Riesenreich unbeschreiblicher Schroffheit und Einsamkeit. Während die Luft immer dünner wird ....

2280 m: Xining. Fast 1000 Menschen finden Platz. Tibeter, Chinesen, Touristen. Schlafliegen in den Abteilen, Hocktoiletten. Komfort à la China.

Die Luft wird dünner, der Kreislauf wackliger. Der Zug wird mit Sauerstoff geflutet, der Druckausgleich lässt Kopfschmerzen vergehen.

Gleichmütig rattert der Zug in die Höhe. Vor den Fenstern: gewaltige Landschaften, Yaks, Nomaden, Pilger, die sich auf den Boden werfen.

Erste Himalaya-Gipfel. Majestätisch, abweisend, ganz nah an den Wolken.

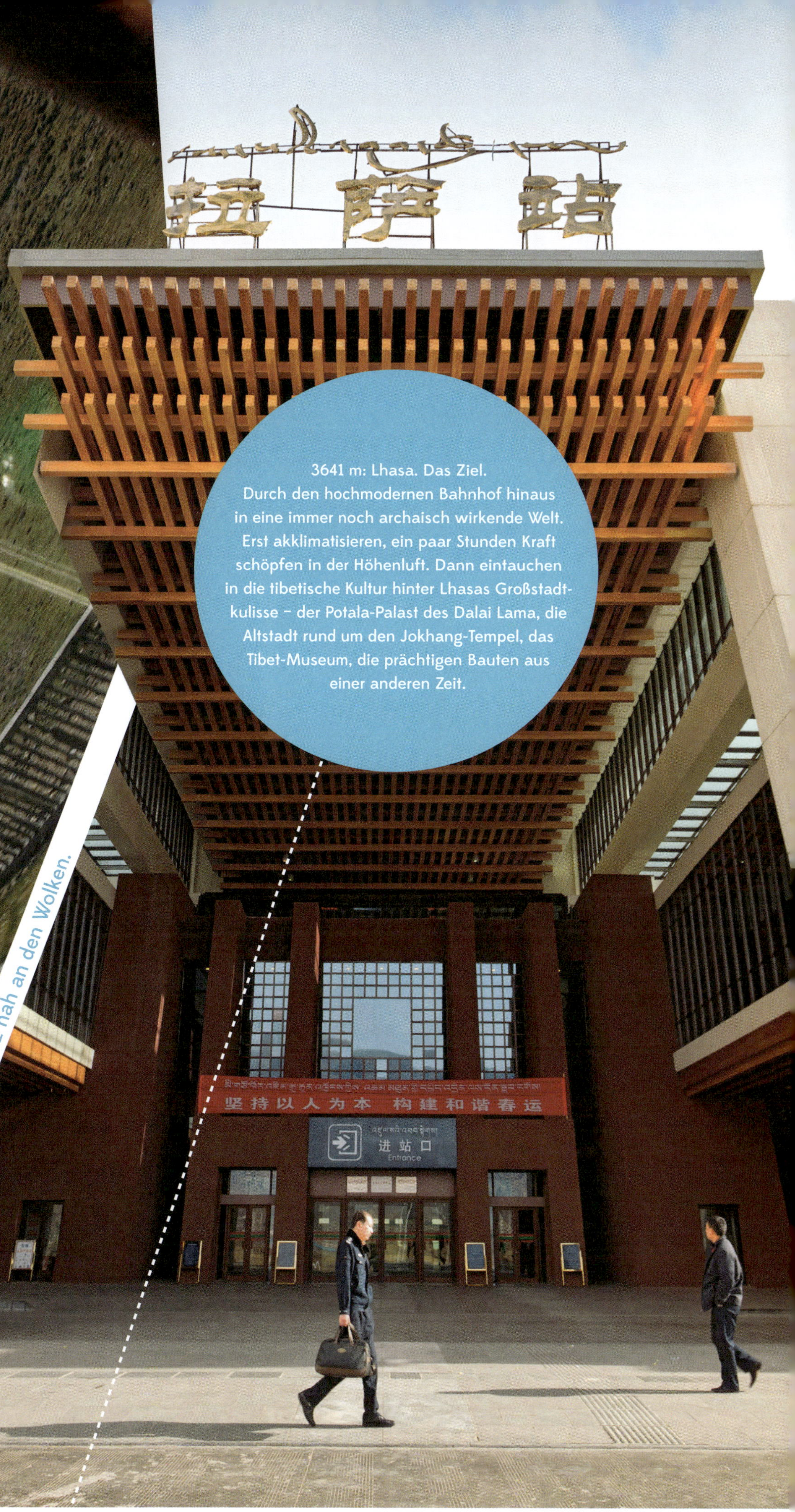

3641 m: Lhasa. Das Ziel.
Durch den hochmodernen Bahnhof hinaus in eine immer noch archaisch wirkende Welt. Erst akklimatisieren, ein paar Stunden Kraft schöpfen in der Höhenluft. Dann eintauchen in die tibetische Kultur hinter Lhasas Großstadtkulisse – der Potala-Palast des Dalai Lama, die Altstadt rund um den Jokhang-Tempel, das Tibet-Museum, die prächtigen Bauten aus einer anderen Zeit.

BERGE WIE GÖTTER

#24

DER WELT AUFS DACH STEIGEN

Von Lhasa nach Nepal, entlang des Friendship Highway, mit dem Auto über den Himalaya: Giganten mit schrundigen Flanken. Eisbedeckte Gipfel, an denen vorbeiziehende Wolken zerfasern. Felshäupter in dünner Luft, die niemanden wollen und niemanden brauchen. Ehrfürchtiges Staunen – so sieht also die Ewigkeit aus. Und ist doch nur ein Wimpernschlag zwischen Werden und Vergehen. Auch der Himalaya.

NEPAL

Nepal – das heißt doch: Himalaya, Sherpas, Eis und Schnee und dünne Luft. Oder?

Nicht überall, denn im Schatten der höchsten Berge der Welt liegt ein kleiner Streifen Tiefland, das Terai. Hier, an der Grenze zu Indien, herrschen die Tropen – und durch Regenwald und Elefantengras schleichen die letzten Königstiger.

SPUREN SUCHE!

Um einem Tiger zu begegnen,

muss man
schleichen
wie ein Tiger,

**muss man
Spuren lesen
wie ein Tiger,**

muss man
denken
wie ein Tiger,

UND AUF EINMAL IST MAN NUR NOCH MAUS

#25

DER KÖNIG LÄSST BITTEN

Was für ein unglaubliches Glück! Und: Was für ein unglaublich Furcht erregender Anblick! Augen, die zu hypnotisieren scheinen. Streifen, Pranken, Zähne, jede Menge Muskeln unterm rostbraunen Fell. Und die überlegene Aura eines Jägers. Pssst, ganz leise zurückziehen. Dies ist ein Reich, das nicht uns gehört.

VARA NASI

Den Kreislauf des Lebens erfahren

Oh heiliger Ganges! Pilger zieht es in Scharen in das frühere Kashi, die Stadt des Lichts. An den Ghats, den Terrassen am Fluss, wird gebetet, werden die Sünden eines ganzen Lebens abgewaschen, Verstorbene verbrannt. Asketische Sadhus, heilige Männer, wandern umher, zwischen Rauch, Staub, frühem Morgendunst. Rikschas, Straßenkinder, Aussteiger, Bettler. Leben, Tod, Alltag, ein einziger Wirbel.

VAR ANA SI

UNBEHELLIGT
VON IHREM ...

श्री साई टी स्टार
... VERSTREICHEN
WANDELT DER ...

... SADHU DURCH DIE ZEIT.

Niemand. Wirklich niemand kann auf diese Stadt vorbereitet sein. Sie trifft mit voller Wucht. Ihre intensiven, verwaschenen Farben, ihr geordnetes, unkontrolliertes Chaos, ihre schmerzhaft öffentliche Intimität – dies auszuhalten, das allgegenwärtige Sterben, das anbrandende Leben, erfordert Härte. Und Zartheit. Um die alles überstrahlenden Magie der heiligsten Stadt der Hindus zu verstehen.

IN VARANASI HAT DER TOTENGOTT YAMA KEINE MACHT.

#26

VON SHIVA DAS MANTRA ZUR ERLÖSUNG ZUGEFLÜSTERT.

WER HIER STIRBT, DURCHBRICHT DEN KREISLAUF VON LEBEN UND TOD. ER BEKOMMT

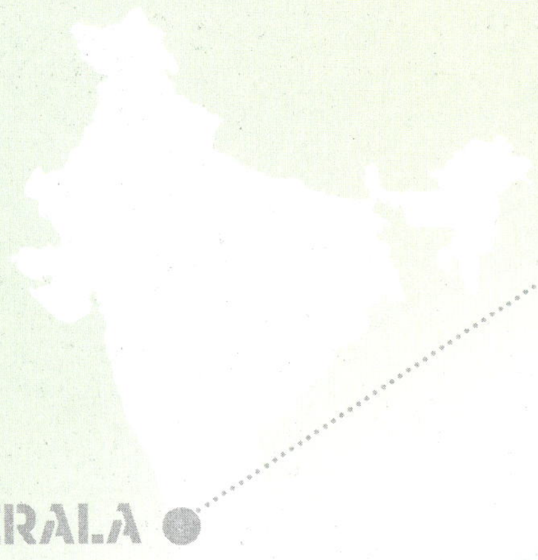

Ayurveda, uralte Heilkraft:

DIK

Dik, der Raum.

Ein Ayurveda-Retreat in Kerala, im Süden Indiens – Auszeit, aber kein Wellness.

Mehr als 5000 Jahre alt ist die Heilkunst Ayurveda, die „Wissenschaft vom langen Leben". In den Backwaters, den Kanälen und Lagunen Keralas, wo der Alltag gemächliche Bahnen zieht, warten Massagen, Schwitzbäder, Einläufe, Stirngüsse und allerlei Pasten und Tinkturen. Wer seinen Körper ernsthaft entgiften möchte, muss sich auf strenge Regeln einstellen. Aber wenigstens die tropische Natur ist Balsam für die Seele.

KALA

Kala, die Zeit.

Manas, der Geist.

Atman, die Seele.

WEG VON DER WELT

#27

MANAS

GANZ BEI SICH SELBST SEIN

Vata, Pitta oder Kapha? Welcher Typ Lebensenergie trifft zu? Ein Interview mit dem Arzt, der das Verhältnis der Doshas untereinander feststellt, und schon wird geknetet, Öl in die Nase gegossen und geschluckt, pflanzliche Medizin nämlich. Und das alles im streng geregelten Tagesablauf einer Ayurveda-Kur. Seltsam leicht beginnt man sich zu fühlen, vielleicht auch ein wenig schlapp. Aber zentriert. Und fit. Zum Beispiel für die Weiterreise.

ATMAN

DURCHATMEN

SICH SPÜREN

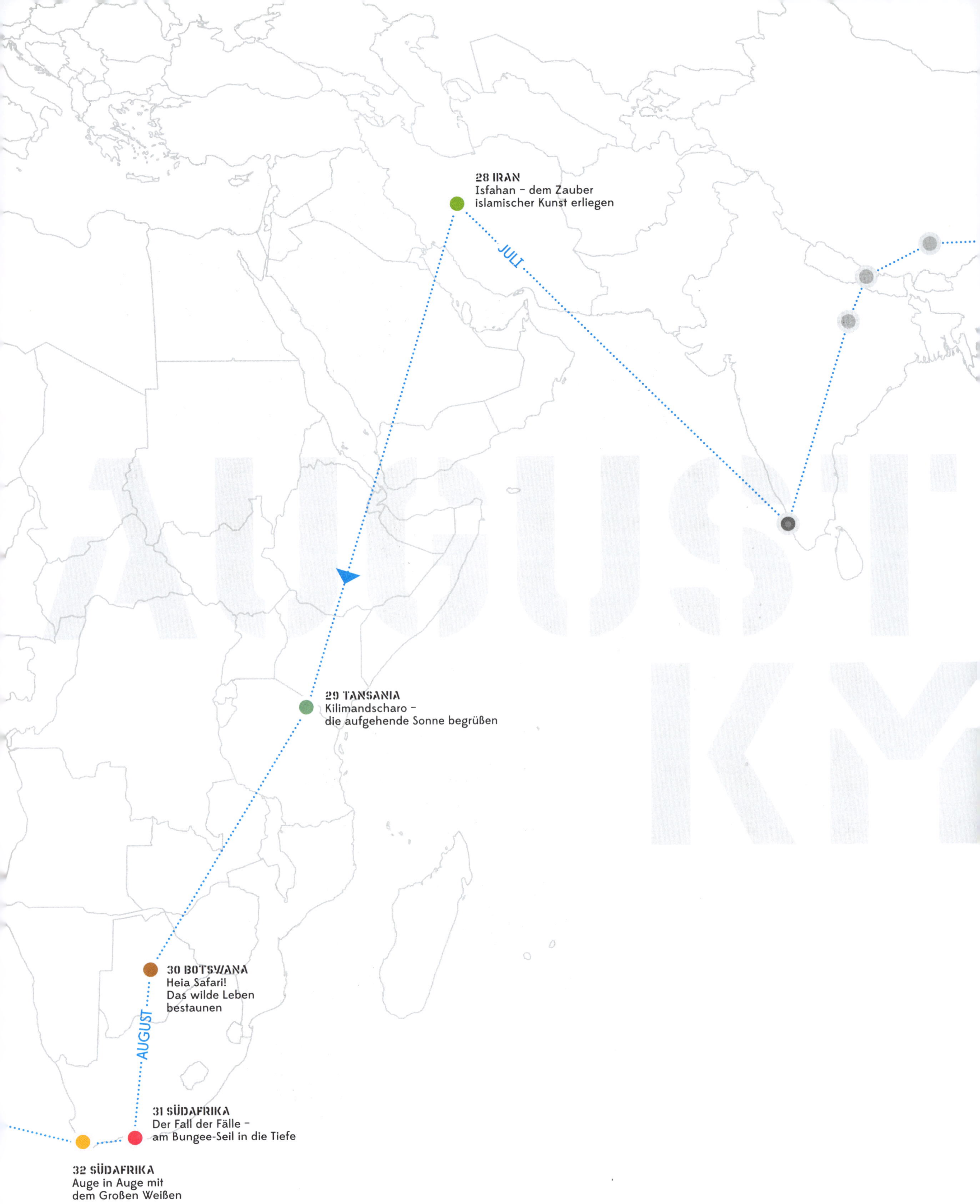

AUGUST
KM
28 IRAN
Isfahan – dem Zauber islamischer Kunst erliegen
JULI
29 TANSANIA
Kilimandscharo – die aufgehende Sonne begrüßen
30 BOTSWANA
Heia Safari! Das wilde Leben bestaunen
AUGUST
31 SÜDAFRIKA
Der Fall der Fälle – am Bungee-Seil in die Tiefe
32 SÜDAFRIKA
Auge in Auge mit dem Großen Weißen

MÄRZ
MAI
APRIL

„Isfahan ist die halbe Welt!“,
so lautet ein persisches Sprichwort.

Denn die iranische Stadt ist ein Traum aus Minaretten, weiten Plätzen und überdachten Brücken, Brunnen, Palästen und Boulevards. Der Glanz ihrer strahlendsten Tage im 16. Jahrhundert leuchtet bis in die Gegenwart. Einer ihrer größten Schätze: die Masdsched-e Emām, die frühere Königsmoschee.

ISFA HAN

155 · ISFAHAN · IRAN · KM 57494 · JULI

HIMMELS KUPPEL

DEN HIMMEL AUF ERDEN BESUCHEN

Kann das alles wirklich so schön sein? Der Reiseführer spuckt Zahlen, Daten, Fakten aus: 50 Meter hohe Minarette, 18 Millionen Ziegelsteine, 470 000 Kacheln. Völlig egal! Denn die Masdsched-e Emām ist nicht von dieser Welt. Eine Gebetsstätte, eine Himmelskuppel voller prächtiger Kalligrafien, ein Paradiesgarten. Das Wort Gottes in seiner schönsten architektonischen Form.

#28

157 · ISFAHAN · IRAN · KM 57494 · JULI

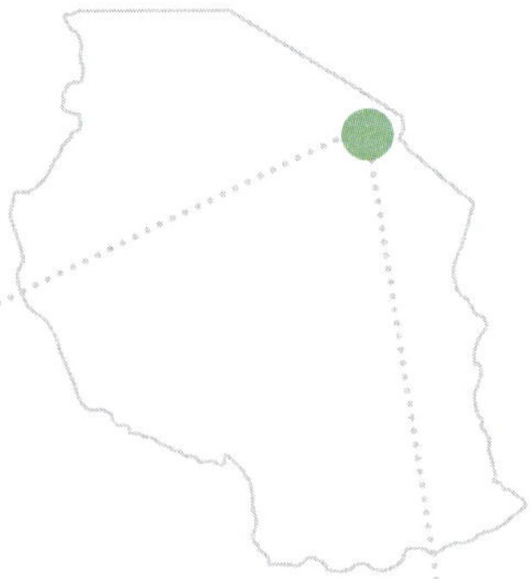

Ein schlafender Riese, auf eine weite Ebene gebettet: Der Gipfel des Kilimandscharo ist unwiderstehlich.

Das höchste Bergmassiv Afrikas lässt mit seinen 5895 Metern selbst die Wolken hinter sich. Wer den höchsten der drei Gipfel, den Uhuru Peak des Kibo, erreicht, hat fast die ganze Welt durchschritten: Erst ist er durch die heißen Tropen gestapft, dann durch Regenwald, über einsame Heide und Moore und eine karge, hochalpine Wüste. Und am Ende warten Eis und Schnee – mitten in Afrika.

TANS ANIA

Die Luft wird dünner, das Gehen fällt schwerer

Sieben Tage Plackerei auf dem Weg nach oben

Aus den Tropen
in die Arktis

Ein Fuß vor den anderen, Schritt für Schritt über die riesige Shira-Ebene. Das Ziel wird größer: der höchste allein stehende Berg der Welt. Nachtlager unter Abermilliarden von Sternen, Ächzen unter der Last der Höhe, die unermüdlichen Träger, die eigene, fragliche Kondition. Dann: die letzte Nacht, der Gipfelsturm. Das Herz rast, schneidender Wind, Erschöpfung – alles vergessen, als die Sonne aufgeht. Die Strapazen, die Müdigkeit, alles weg. Übermächtige Glücksgefühle im Himmel über Afrika.

CONGRATULATIONS
YOU ARE NOW AT
UHURU PEAK, TANZANIA, 58
AFRICA'S HIGHEST POINT
WORLD'S HIGHEST FREE-STANDING

ON THE TOP #29 OF AFRICA

Botswana, Kalahari, Okavango – Namen voller Klang und Sehnsucht für alle, die von Afrika träumen.

Das Okavango-Delta im Nordwesten Botswanas gilt als eine der tierreichsten Gegenden des Kontinents. Jahr für Jahr verwandelt hier der gleichnamige Fluss die Trockenheit der Kalahari in ein riesiges Feuchtgebiet.

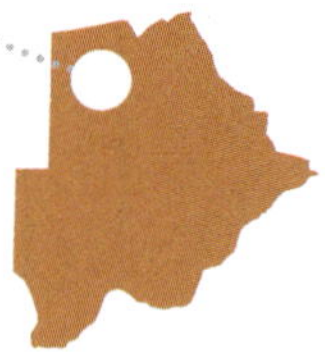

Safaris,

ganz diesseits von Afrika

Wer das Okavango-Delta durchstreift, darf nicht kontaktscheu sein: Nilpferde schlendern nächtens durchs Camp, Elefanten stecken den Rüssel in die Proviantkiste, Zebras grasen neben den Zelten.

Tagsüber geht es mit Rangern auf die Pirsch, im offenen Jeep, zu Fuß oder per Kanu übers klare Okavango-Wasser. Und nachts leuchtet das Lagerfeuer in die beeindruckend vollkommene Dunkelheit der Wildnis.

Da! Da hinten! Habt Ihr das auch gesehen ...?

Ein Moment fürs mentale Fotoalbum:

die Savanne im Glanz der sinkenden Sonne,
der Staub, der Himmel über Afrika

DAS WILDE

LEBEN FÜHLEN

#30

ZWISCHEN LAUERNDEN LÖWEN UND GELASSENEN FLUSSPFERDEN

Zoo verkehrt. Hier ist das wilde Leben außerhalb des Geheges, also des Camps oder des Jeeps. Und es hat ziemlich oft ziemlich große Zähne. Die Hausherren zeigen: Ihr seid hier, weil wir Euch lassen. Unverwandt starrt der Löwe mit seinen leuchtend gelben Augen – ist der im Zoo auch so riesig? Elefanten blockieren Straßen, Flusspferde wissen, dass ihnen keiner was kann. Und die Menschen? Sind fasziniert, verängstigt, aufgeregt. Sie bekommen eine Ahnung, was Wildnis wirklich bedeutet.

GARDEN ROUTE

Wo sich Südafrika spektakulär aus dem Meer erhebt: Die Garden Route hat einen besonderen Höhepunkt.

Wo sie beginnt und endet, darüber gibt es unterschiedliche Meinungen. Einig aber sind sich alle: Die Region mit ihren Buchten und Traumstränden, den direkt aus dem Meer aufsteigenden Bergen und den staubigen Ebenen der Karoo ist immer atemberaubend schön – und manchmal atemlos spannend. An der Bloukrans Bridge zum Beispiel: bei einem der höchsten Bungee-Sprünge der Welt. Aus 216 Metern Höhe.

Über die Hängebrücken am Storms River Mouth

Surfen am Strand von Jeffrey's Bay

10

Und jetzt: der Sprung in die Tiefe

Auf den Klippen von Knysna

216

85

210

194

121

103

84

72

47

DER FALL DER FÄLLE – AM BUNGEE-SEIL VON DER BLOUKRANS BRIDGE

Was für ein unglaubliches Glücksgefühl! Ich habe mich überwunden! Der freie Fall, der Rücksturz, die Schwerelosigkeit. Ich habe überlebt! Was wäre passiert, wenn das Seil gerissen wäre? Ich bin davongekommen! Ich will das nie, nie, nie wieder machen! Kann ich gleich nochmal springen?

Diese knieschlotternde, abstoßende, anziehende Tiefe …

#31
WOO
HOOO

Ein Flossen-
schlag, ein mühe-
loses Gleiten

GANS BAAI

Ein Buch und seine Verfilmung haben ihn zu einem Monster stilisiert: den Großen Weißen Hai.

Peter Benchley, Autor von „Jaws“, versuchte sein Leben lang, das Bild vom gnadenlosen Killerfisch zu revidieren. Der Great White war zum Gejagten geworden: Wie viele Exemplare noch in den Weltmeeren leben, ist unklar. Vor der Küste Südafrikas kann man den riesigen Raubfischen begegnen. Nichts für Unterwasserangsthasen ...

Adrenalin
bis unter die
Haarspitzen
Endorphine
bis zum
Abwinken
mares
mares
Tilos

#32

HAI

AUGE IN AUGE MIT DEM GROSSEN WEISSEN

Das Wasser, eine trübe Angelegenheit. Sichtweite vielleicht zehn Meter. Dann schält sich ein Schatten aus dem unergründlichen Blau, gleitet auf den Käfig zu. Ein Weißer Hai. Einige Meter geballte Kraft, schwarze Murmelaugen, rasiermesserscharfe Zähne. Die eigenen Gefühle? Eine Art Urangst, gepaart mit Faszination und – Ehrfurcht. Vor dem Herrscher der Tiefe.

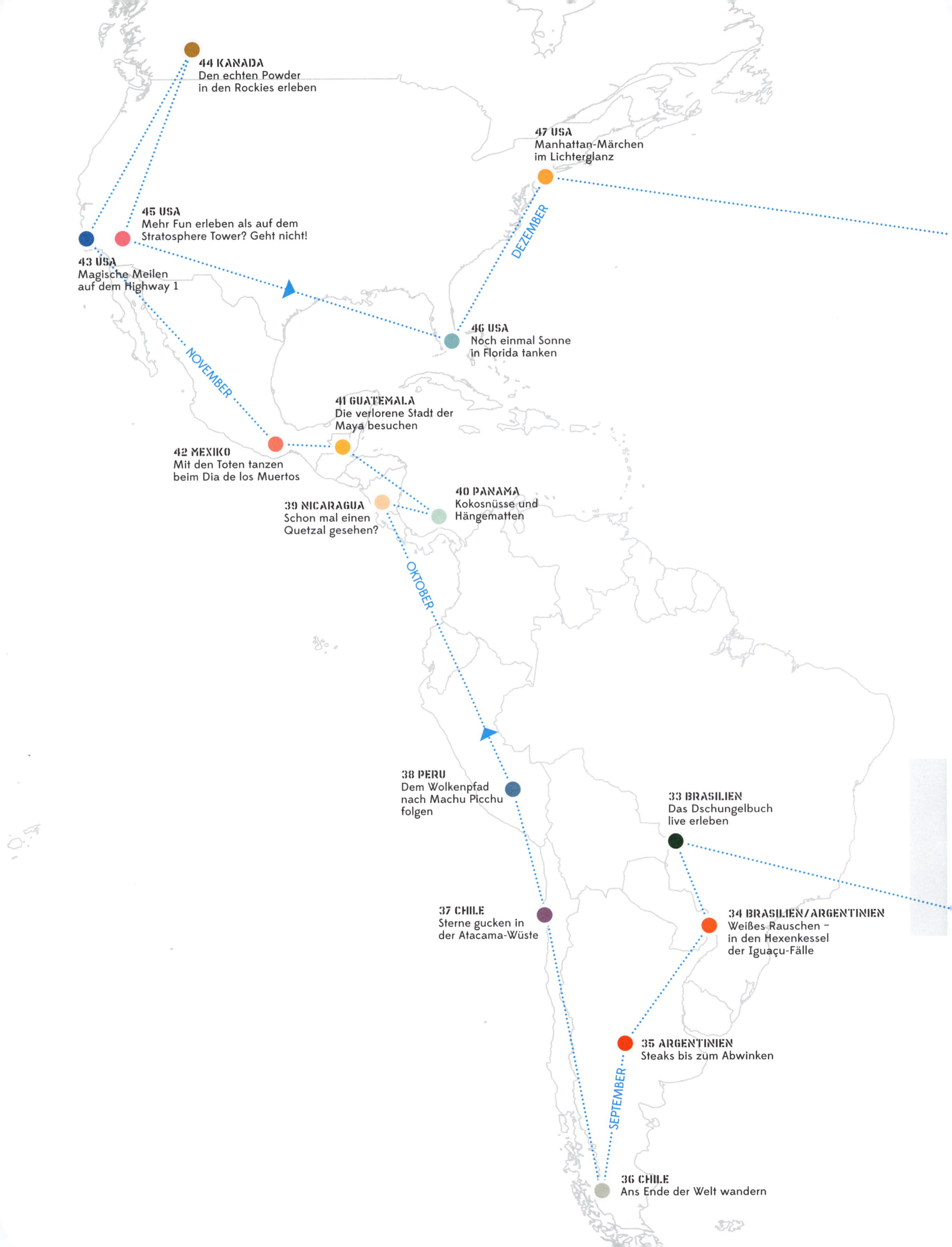
44 KANADA
Den echten Powder in den Rockies erleben
47 USA
Manhattan-Märchen im Lichterglanz
45 USA
Mehr Fun erleben als auf dem Stratosphere Tower? Geht nicht!
43 USA
Magische Meilen auf dem Highway 1
DEZEMBER
46 USA
Noch einmal Sonne in Florida tanken
NOVEMBER
41 GUATEMALA
Die verlorene Stadt der Maya besuchen
42 MEXIKO
Mit den Toten tanzen beim Dia de los Muertos
40 PANAMA
Kokosnüsse und Hängematten
39 NICARAGUA
Schon mal einen Quetzal gesehen?
OKTOBER
38 PERU
Dem Wolkenpfad nach Machu Picchu folgen
33 BRASILIEN
Das Dschungelbuch live erleben
37 CHILE
Sterne gucken in der Atacama-Wüste
34 BRASILIEN/ARGENTINIEN
Weißes Rauschen – in den Hexenkessel der Iguaçu-Fälle
35 ARGENTINIEN
Steaks bis zum Abwinken
SEPTEMBER
36 CHILE
Ans Ende der Welt wandern

BERLIN
JULI
AUGUST

PAN TANAL

Wer im Pantanal lebt, lebt wie in einer riesigen flachen Badewanne. Zusammen mit unzähligen Vögeln, Schlangen, Krokodilen, Jaguaren ...

Genau eine Straße führt durch das größte Feuchtgebiet der Erde: Die Transpantaneira ist 145 km lang und überquert mehr als 120 Brücken. Das einzige wahre Fortbewegungsmittel ist allerdings das Boot.
Über das Wasser des Rio Paraguay geht es hinein in ein Labyrinth aus Flussarmen, Seen, seichten Lagunen, Sümpfen, Savannen, Galerie- und Trockenwäldern. Es wartet: das pralle, volle (Tier-)Leben.

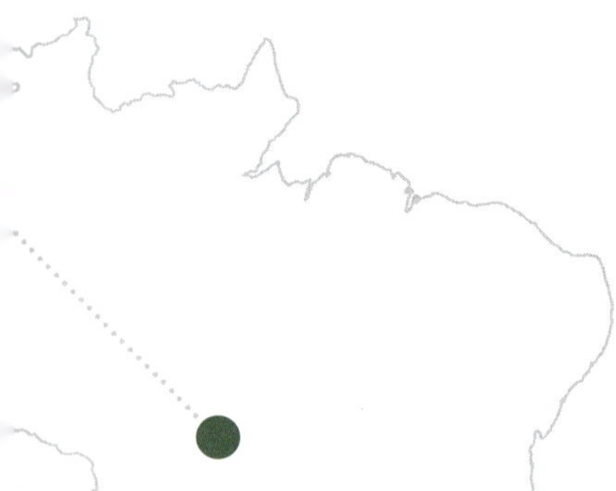

#33

BOOTSFAHRT INS HERZ DES PANTANAL

Leise tuckert der Motor des Hausboots. Es gleitet dahin, unterm bleichgebrannten Tropenhimmel. Heiß ist es, und feucht und – einfach fantastisch. Riesenotter spielen Fische fangen, Störche staksen, Kaimane lauern, als Holzstämme verkleidet. Dann, in der Nacht: Adrenalin pur. Ein Jaguar grollt – und man ist froh, auf dem Wasser zu sein.

Es ist doch nur Wasser –
aber im freien Fall!
Die Iguaçu-Fälle sind eine
(ohren)betäubende Erfahrung.

80 Meter tief geht es für den Fluss Iguaçu an der Grenze von Brasilien zu Argentinien in die Tiefe, und das auf einer Breite von fast 3 Kilometern. Wer oben steht, schaut in einen brodelnden Schlund, bestaunt weiße Gischt vor grünem Dschungel, doppelte Regenbögen. Und wer unten ist, wird nicht nur nass – sondern komplett eingeweicht.

Die Indianer sagen, der Gott M'boi ...
... habe vor Wut über die Flucht der ihm ...
... versprochenen Braut mit einem Fausthieb ...

… die Gewalt des Wassers entfesselt

#34

WEISSES RAUSCHEN – IN DEN HEXENKESSEL DER IGUAÇU-WASSERFÄLLE

Was, wenn das Boot kentert? Ok, alle tragen Schwimmwesten. Aber das Wasser brodelt wie in einem Kochtopf, und wir sind die Spaghetti. Der Blick nach oben, Wasser stürzt und stürzt und stürzt. Die Welt ist nass und rauscht und bockt wie ein Pferd beim Rodeo. Rückwärts raus aus dem Hexenkessel, der Blick zurück: Aus Dschungelhöhen strömt es unablässig, alle Sinne betäubend. Welch ein Anblick!

Es liegt nahe, dass die Gauchos das Asado, das Grillen riesiger Mengen an Fleisch, erfunden haben sollen.

Schließlich hatten die Pampa-Cowboys den ganzen Tag mit dem auf vier Beinen über die Weiden streifenden Grillgut zu tun.
Heute ist das Asado zu einem Ritual geworden, das Woche für Woche argentinische Männer an den Grill lockt. Und das keineswegs nur wegen des Essens ein echtes Ereignis ist.

Von der Weide auf den Teller

ARGENTINIEN

Keine Chance für Vegetarier

DIE DRAMATURGIE DES GENUSSES

Auf Provoleta-Käse (natürlich gegrillt) folgen Innereien, Chorizo und Blutwurst, dann das Fleisch, etwa Tira de Asado (Rippenstücke mit Knochen), Tapa de Asado oder Colita de Quadril (Saftiges aus der Hüfte). Und am Ende, das Zarteste: Lomo, das Filet. Salat, Brot oder in der Glut zubereitete Kartoffeln spielen höchstens eine Nebenrolle. Unentbehrlich: die scharfe Chimichurri-Sauce.

NICHTS ALS FEUER & FLEISCH!

#35

STEAKS SATT – BEIM ASADO SCHWELGEN

Sonntagabend. Vier Stunden sind vorbei, vier Stunden nachmittägliches Erzählen, Lachen, Trinken. Und Grillen. Vier Stunden Brutzeln, Zischen, Rösten. Und dieser köstliche Duft! Hungrig darf man zu einem Asado nicht kommen, aber auch nicht am Anfang zuschlagen, so lecker die Choripán, die Bratwurst auf Weißbrot, auch ist. Denn wer beim finalen Paukenschlag, dem Filet, schon satt ist, verpasst das Beste. Das perfekte Ende eines perfekten Tages. Jetzt bitte ganz schnell eine Hängematte!

TORRES DEL PAINE

„Türme des blauen Himmels“, das klingt nach einem vielversprechenden Ziel. Das ist der Nationalpark Torres del Paine auch – allerdings nicht, was das Wetter betrifft.

Tief im Süden Chiles regiert bereits die Antarktis mit kaltem Händchen. Und das berüchtigte Kap Hoorn, das Kap der Stürme, liegt direkt um die Ecke.

Hier kalben Gletscher, leuchten türkisgrüne Seen inmitten duftender Kräuter, kreisen Kondore über namenlosen Gipfeln, hier ist es wild und rau und ungezähmt.

Manchmal sogar unter einem hohen, blauen Himmel.

Und dann ist es Liebe auf den ersten Blick.

ÜBER STOCK

197 TORRES DEL PAINE NATIONALPARK [illegible] SEPTEMBER

UND STEIN IN
DIE EINSAMKEIT
PATAGONIENS:

VÖLLIG ÜBERWÄLTIGT

#36

AM ENDE DER WELT, HINTER DEN BERGEN, VER ZAUBERT

DER WEG IST DAS ZIEL – ZU DEN TORRES DEL PAINE

140 Kilometer in acht Tagen. Du bist durch Wälder marschiert und an Flüssen entlang, hast an Gletschern kampiert, im Sturm auf dem John-Gardner-Pass am Boden gekauert, hast Dich Schnee und Hagel entgegengestemmt und Eisberge in türkisgrünen Seen bestaunt. War der Sonnenaufgang an den Torres del Paine wirklich der Höhepunkt? Du weißt es nicht. Aber Du weißt, dass dieser Weg Dich verändert hat.

201 · TORRES-DEL-PAINE-NATIONALPARK · CHILE · KM 76722 · SEPTEMBER

In Chile steckt ein ganzer Planet. Und dazu eine ordentliche Portion Universum.

Über Dutzende von Breitengraden verläuft das Land an der Westküste Südamerikas. Es ist, als würde man in Chile alle Vegetationszonen dieser Erde erleben, von der Kälte in die Wärme und ins Hochgebirge der Anden. In der Atacama dann geht's in Richtung Weltall. Die knochentrockene Wüste gleicht Mond und Mars, und in ihrer reinen Luft reicht der Blick tief ins Sternengewimmel.

WIND,
SAND
...

DAS KREUZ DES SÜDENS
KLARER HIMMEL
STERN GUCKER
ABSOLUTE DUNKELHEIT

CASTOR UND POLLUX
DIE MAGELLANSCHEN WOLKEN
GIBT ES LEBEN?
2

... UND UN-END---LICH VIELE STERNE

#37

STERNSTUNDEN – AUS DER ATACAMA INS ALL FLIEGEN

Zuerst das Gefühl beim Blick ins Teleskop: Ich falle! Mitten hinein in diesen schimmernden, glitzernden, blinkenden Schwarm. Dann, atemlos, als zweites der Gedanke: Wie einsam und allein rotieren wir auf unserem Planeten durch diese Unendlichkeit. Die Wüstennacht wird eisig, aber die Faszination hält warm: die Ringe des Saturn. Das Innere der Milchstraße. Die Oberfläche des Mondes. Und am nächsten Morgen das Wahnsinnsgefühl, ins All geflogen zu sein.

WALK LIKE AN INCA

Natürlich kann man nach Machu Picchu auch fahren. Aber der Weg zu Fuß ist der einzig wahre.

Drei Tage lang geht es rauf und runter, am vierten Tag dann steht man am Sonnentor über der alten Inka-Stadt. Der Weg hat seine Tücken: 1200 Höhenmeter gilt es am Stück zu bewältigen, über den „Pass der toten Frauen", in immer dünner werdender Luft, bei strömendem Regen und sengender Sonne. Aber zum Glück gibt es mate de coca, den Coca-Tee, einen natürlichen Power-Riegel zum Trinken.

09 · MACHU PICCHU · PERU · KM 80913 · SEPTEMBER

INS TRAILBOOK EINGETRAGEN
COCA-TEE GESCHLÜRFT
EISIGE NACHT VERBRACHT

SCHWERE BEINE

212 · MACHU PICCHU · PERU · KM 80956 · SEPTEMBER

#38

ZEITLOSE SCHATTENSPIELE – NACH MACHU PICCHU PILGERN

Wäre dieser Anblick genauso atemberaubend, wenn man nicht zu Fuß hierhergekommen wäre? Ach, müßige Spekulation. Wie der Morgennebel Verstecken spielt mit den uralten Ruinen, Schwaden wie Vorhänge auf- und zuzieht, das zunehmende Licht Schatten zwischen den hoch aufragenden, überwucherten Andengipfeln mäandern lässt – das ist ein Anblick, Inca Trail hin oder her, der die Zeit langsamer und langsamer verstreichen lässt.

NICARAGUA

Von den Hängen der Anden in den dampfenden Dschungel von Nicaragua.

Einschusslöcher? Sind zwar mancherorts noch zu sehen, aber diese Zeit ist vorbei, kein Putsch, kein Krieg mehr. Jetzt heißt es vorzuzeigen, was man hat: einsame Karibikinseln, eindrucksvolle Vulkanpanoramen, üppige Regen- und exotische Nebelwälder. Nicaragua wartet!

Der geflügelte Gott im Wolkenwald

In über 800 Meter Höhe, wo Wolken für ewige Feuchtigkeit sorgen, ist er zu finden, der Quetzal. Die Azteken und Maya hielten den Vogel mit den prächtigen Schwanzfedern für einen Gott. Heute ist er vom Aussterben bedroht.

DER QUETZAL

#39

LEUCHTENDER BLITZ – AUF DER SPUR DES QUETZAL

Nebelschwaden ziehen durch den Wald,
Feuchtigkeit tropft von jedem Blatt.
Der Guide bedeutet mit der Hand: Stopp!
Regungsloses Warten – tiefe Stille.
Ein Aufatmen, der Wald rührt sich wieder.
Kleine Vögel huschen vorbei, Grillen und Zikaden setzen
ihr Konzert fort, es raschelt, tröpfelt, knackt und knackst.
Dort, ein leuchtender Blitz zwischen den Blättern.
Rot und Smaragdgrün leuchtet das Gefieder des Quetzal,
der prächtige Schwanz geformt wie eine Schleppe.
Der Göttervogel. Wie ein Bild aus einer längst
untergegangenen Zeit.

SAN BLAS

An jedem Tag des Jahres eine andere Trauminsel: Mindestens 365 palmenbestandene Strandträume bilden die San-Blas-Inseln.

Oh, wie schön ist Panama?
Panama ist meeresblau-strandweiß-palmengrün-schön. Und zwar dort, wo sich das Land östlich vom berühmten Kanal mit kühnem Schwung in die Karibik beult. Vor der Küste: ein Archipel voller Korallenriffe, Kokosnüsse und kolossaler Nichtstu-Atmosphäre.

PANAMA

LAU
CHI

Schnorcheln, schwimmen, sonnenbaden, lesen. Und dann? Schnorcheln, schwimmen, sonnenbaden, lesen. Und später? Schnorcheln, schwi … nein,

vielleicht mit dem Boot auf eine Nachbarinsel fahren?

Nur mit der Kraft des Windes übers türkisgrüne Meer schippern.

Das Volk der Kuna hat für seine Heimat einen Status der Autonomie erkämpft. Die 45 000 Kuna, die auf den Inseln mit dem offiziellen Namen Guna Yala leben, sind sehr auf den Erhalt ihrer Kultur und Traditionen, ihrer Rituale und Sprache bedacht. Deshalb verläuft das Leben auch heute noch in den Bahnen, die es seit Jahrhunderten zieht.

Nach Seesternen tauchen. Und nachts unter echten Sternen tanzen. Notgedrungen, denn Strom gibt es keinen mehr, der Generator ist längst aus.

Dann der unruhige Schlaf im Bambusbungalow, weil die ganze Nacht Kokosnüsse aus den Bäumen fallen. Müde am nächsten Morgen?

Macht nichts, bis zur Hängematte ist der Weg zu schaffen.

#40

ROBINSON CRUSOE AUF ZEIT – HÄNGEMATTENTAGE AUF SAN BLAS

INSEL PARA DIES

Und dann heißt es wieder schnorcheln, schwimmen, sonnenbaden, lesen. Essen. Und schnorcheln, schwimmen, sonnen …

Ein Meer aus Grün.
Daraus hervorschauend: drei Leuchttürme, entzündet von der aufgehenden Sonne. Tikal.

Eine der größten und bedeutendsten Stätten der Maya kämpft im Norden Guatemalas gegen Lianen, Würgefeigen, Flechten und Moos.
Der Dschungel will zurück haben, was ihm entrissen wurde: majestätische Pyramiden wie den Tempel der zweiköpfigen Schlange, der 70 steile Meter in den Tropenhimmel ragt.

GUATE
MALA

ENTDECKUNGEN
IM DÄMMERLICHT
DES DSCHUNGELS

Unübertroffen in Tikal: die Magie der Maya-Zeit

Im Regenwald des fast 600 Quadratkilometer großen Nationalparks Tikal dämmern noch Tausende Gebäude vor sich hin. Mehr als 1000 Jahre lang, bis ins 10. Jahrhundert, lebten Menschen in der Maya-Stadt – dann eroberte sie der Dschungel. Ausgegraben wurden der Große Platz mit dem Tempel des Großen Jaguar und dem Tempel der Masken. Sie sind das steinerne Herz Tikals.

TIKAL

#41

DIE VERLORENE STADT – IN TIKAL DEN MAYA BEGEGNEN

Ein Morgen, der 1500 Jahre alt sein könnte, hier, am Großen Platz von Tikal. Der Dschungel schwitzt und stöhnt – und brüllt. Tief und guttural und ganz schön gruselig. Vögel zwitschern, Aras kreischen, Nasenbären schnüffeln. Ob die Maya sie auch genau so gehört haben, die Brüllaffen und die Papageien? Dieser Gedanke – und die Geräusche – sind wie ein lebendiges Band zwischen dem Heute und dem Gestern: einem wunderschönen Morgen, vor 1500 Jahren.

231 · **TIKAL** · GUATEMALA · KM 86716 · OKTOBER

DIA DE LOS MUERTOS

Ein Moment der Stille, trotz all der Fröhlichkeit. Denn wenn die Toten zu Gast sind, soll eigentlich gefeiert werden.

Die Rückkehr der Seelen Jahr für Jahr Ende Oktober, ein Volksfest! Skelette und Totenköpfe als Schmuck überall, Tanz und Musik auf den Straßen, mal große Feiern, mal kleine Familienfeste. Mittendrin: die prächtige Ofrenda, ein Altar und Gabentische, geschmückt mit allem, was der Verstorbene im Leben geliebt hat.

MEXIKO

ENDGÜLTIG TOT IST …

Blumen in Gelb und Orange weisen den Weg: Die Seelen sollen sich nicht verirren – und diese Farben können die Lieben aus dem Jenseits am besten sehen.
In der Nacht vom 1. auf den 2. November ist es soweit, der Schleier zwischen den Welten fällt. Es gibt ein feierliches, ein fröhliches Wiedersehen.

DER, AN DEN SICH NIEMAND ERINNERT

MIT GANZER

#42

SÜSSE SKELETTE – IN MEXIKO MIT DEN TOTEN TANZEN

Zu Mitternacht an Allerseelen heißt es Abschied nehmen, mit einem Picknick auf dem Friedhof. Noch einmal pan de muerto, das süße „Totenbrot", Zucker-Totenköpfe, Skelette und Särge aus Marzipan, dazu Mezcal, Tequila und Pulque. Im Licht der Kerzen wird am Grab der Liebsten getanzt, geschlemmt, getrunken. Aber auch: andächtig gebetet. Der Tod, er ist nun einmal ein Teil des Lebens.

SEE
LE
Vicente

HIGHWAY
LOS ANGELES–
SAN FRANCISCO

ONE

Zeit für etwas klassisch Amerikanisches: einen Roadtrip. Natürlich entlang der schönsten Straße der Welt.

Auf dem legendären Sunset Boulevard in Los Angeles geht's los, quer durch Hollywood und Beverly Hills ins ebenso legendäre Santa Monica. Jetzt rechts abbiegen, 1100 Kilometer Richtung Norden. Auf dem – Achtung, Legende zum Dritten – Pacific Coast Highway. Oder: Highway 1.

DAS SURREN DER RÄDER

BIG

MAGISCHE MEILEN – AUF DEM HIGHWAY 1

Hinter jeder Kurve dieser Straße lauert Gefahr. Die Gefahr, das Auto in die Botanik oder die Wellen des Pazifiks zu steuern. Diese Panoramen, sie verdrehen einem den Kopf. Felsen, Wellen, Farne, Wälder, Wind und Nebel, lauschige Weiler und grandiose Einsamkeit, wilder Weltenanfang und idyllisches Weltenende. Man will bleiben, immer und immer wieder, und muss doch weiter. Hinter die nächste Kurve schauen. Und die nächste …

#43

DAS WISPERN
DES WINDES
SUR
DAS RAUSCHEN
DER WELLEN

DAS TOSEN DER BRANDUNG

Der Ritt auf der Welle. Die Magie der Straße tauschen mit der Faszination des Ozeans: Geboren wurde das Surfen zwar nicht in Kalifornien. Hier wuchs es aber heran, vom salzwassergebleichten Teenager zur veritablen Lebenseinstellung. „Everybody's gone surfin'", schönträllerten die Beach Boys. Genau hinhören: Der Text des Songs zählt sie auf, alle Surfspots Kaliforniens. Also nichts wie rauf aufs Brett (oder zum nächsten Surfkurs).

KANADA

Erst Wasser in Wellen, dann gefroren in seiner edelsten Form: als Champagne Powder.

Der Pulverschnee im Banff-Nationalpark macht besoffen vor Glück. Ganz trocken ist er, unendlich fluffig, frei von Eis und Firn. Und es gibt ihn in unendlicher Menge: Neun Meter Schnee fallen im riesigen Skigebiet „Ski Big Three“, zu dem die Ressorts Mt. Norquay, Lake Louise und Sunshine Village gehören. Hier, in der winterlichen Traumszenerie der kanadischen Rocky Mountains.

UND
WIR TRÄUMTEN
VON DIESEM
TIEFSCHNEE

SKI
#44
BIG

THREE

STAIRWAY TO HEAVEN – SCHWÜNGE IM KANADISCHEN PULVERSCHNEE

Der Himmel ist auf die Erde gefallen, mitten in den Rocky Mountains, rund um Lake Louise. Butterweich, wie Wölkchen, wie Flaum aus Frau Holles besten Kissen. Stairway to Heaven. Eine Melodie in Endlosschleife, während es talwärts geht. Weite Schwünge im unberührten Schnee, ein Teppich, aus dem Kristalle stieben. Sie stehen endlos lang in der kalten Luft, Diamanten überm Champagner. Skifahren im Himmel.

Roulette statt Rockies. Der Gipfel des Wahnsinns im verrückten Vegas: der Stratosphere Tower.

356 Meter ragt der höchste freistehende Turm der USA in den Wüstenhimmel. Auf seiner Aussichtsplattform (wow!) kann man sich: in die Höhe schießen (doppelwow!), über den Rand schleudern (megawow!) oder gleich in die Tiefe fallen (kreisch!) lassen.

LAS VEGAS

MANN
ODER
MAUS
?

NEV
ADA

HELDIN
ODER
HEULSUSE
?

LAS VEGAS

Soll ich?

STR
SPH
TO

Soll ich nicht?

ATO
ERE
WER

#45

HIMMEL, HILF! – PURES ADRENALIN IN LAS VEGAS

Wie der Ausblick war?
Keine Ahnung, hab ich vergessen.
Muss noch meine Sinne zusammenklauben.
War das echt Schwerelosigkeit?
In 300 Meter Höhe, unter den Schuhsohlen
nicht als Luft? Erst mal 'nen Drink.
Und dann stürz ich mich in die Tiefe.
Okay, am Seil natürlich.

Soll ich?

KEY LARGO

**Der Winter zu Hause ist lang.
Am besten also schnell noch Tropengefühle auf den Florida Keys tanken.**

Eine Fahrt ins Blaue steht an. Oder ins Türkisgrüne? Karibikfarben jedenfalls, das Wasser, der Himmel, die Wolken. Mitten in sie hinein, gesäumt von Palmen und Mangroven, Motels und Villen, Shops und Imbissbuden, führt der Overseas Highway. Eine Straße mit 42 Brücken, die 200 Inseln und Inselchen miteinander verbindet – und scheinbar schnurgerade hinterm Horizont verschwindet.

FLO
RIDA

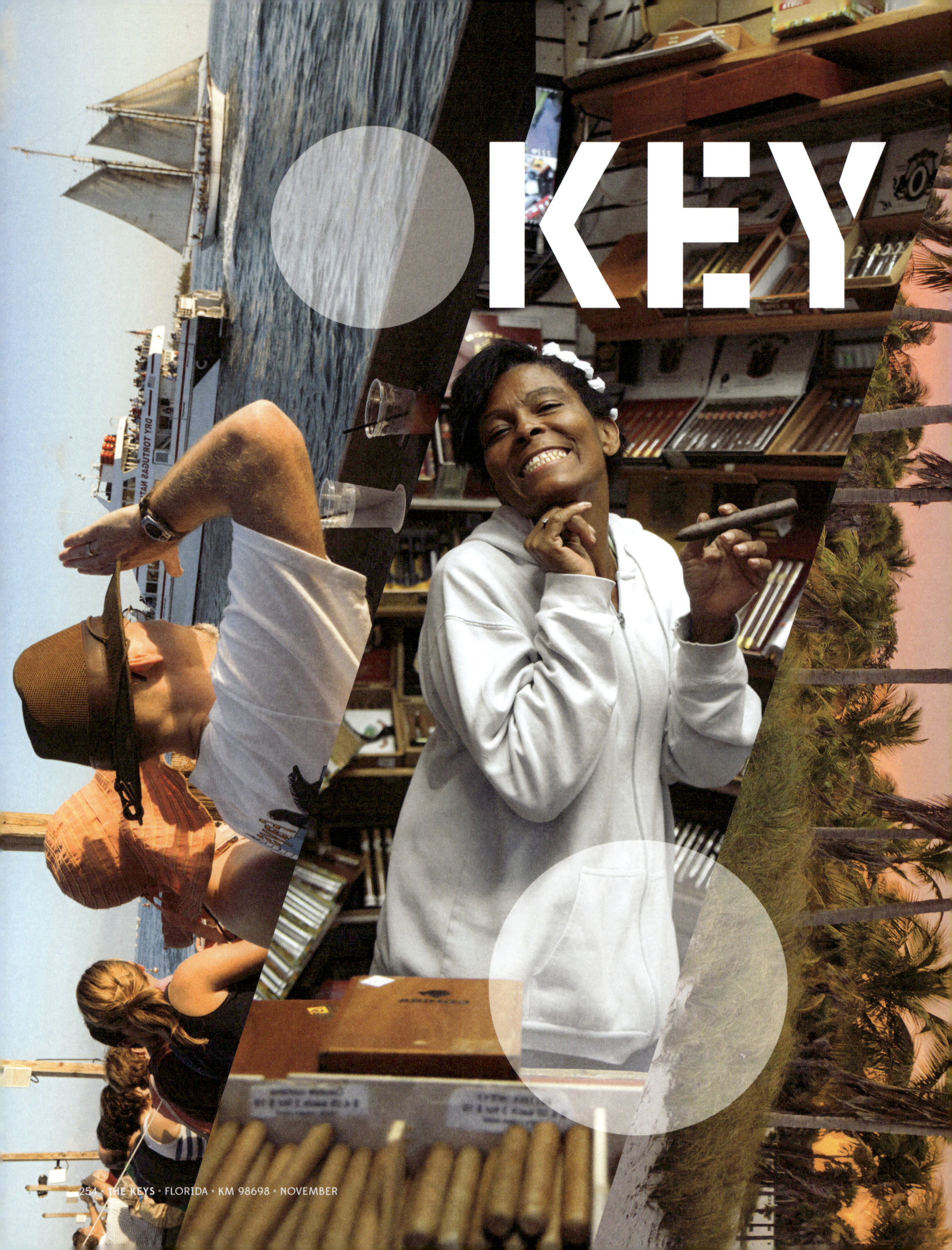

KEY

#46

AUSFAHRT AUFS MEER – MIT DEM AUTO NACH KEY WEST

Aircondition? Nein danke! Das Fenster runter, der warme Tropenwind soll es sich auf der Rückbank bequem machen.
Jetzt fahren wir raus. Aufs Meer. Mit dem Auto! Bis Key West. Wo die Bewohner ihre Stadt offiziell zu einem Paradies machen wollen. Und? „Wir sind nah dran“, raunen die lauschigen Sträßchen, die schattigen Veranden der Villen, die uralten Bäume.
Darauf einen Mojito. Und wo sind eigentlich meine Flip-Flops?

WEST

SHOPPEN

NEW YORK CITY

Aus Floridas weichen Farben kopfüber in die bonbonbunte Vorweihnachtszeit von New York. Wie schöööööööön!

Kitsch? Kommerz? Kälte? Klar, auch das. Adventszeit in New York, das heißt vor allem: Romantik, bis der Weihnachtsmann kommt. Und: Shoppen, bis das Konto ächzt. Aber eine Stadt wie der Big Apple – im weißen Winterkleid? Über und über beleuchtet, sogar das Empire State Building in Grün und Rot? Muss man erlebt haben.

New York im Schnee.
Die Geräusche gedämpft und das Leben nur ein kleines bisschen weniger hektisch als sonst. Manhattan leuchtet weiß.
Und kunterweihnachtsbunt, in den aufwendig dekorierten Schaufenstern von Kaufhäusern wie Bergdorf Goodman, Macy's oder Bloomingdale's.
Kaufen? Ach was. Nur gucken.
Und jede Minute genießen.

TOSHIBA
TDK

FAIRY TALE OF NEW YORK

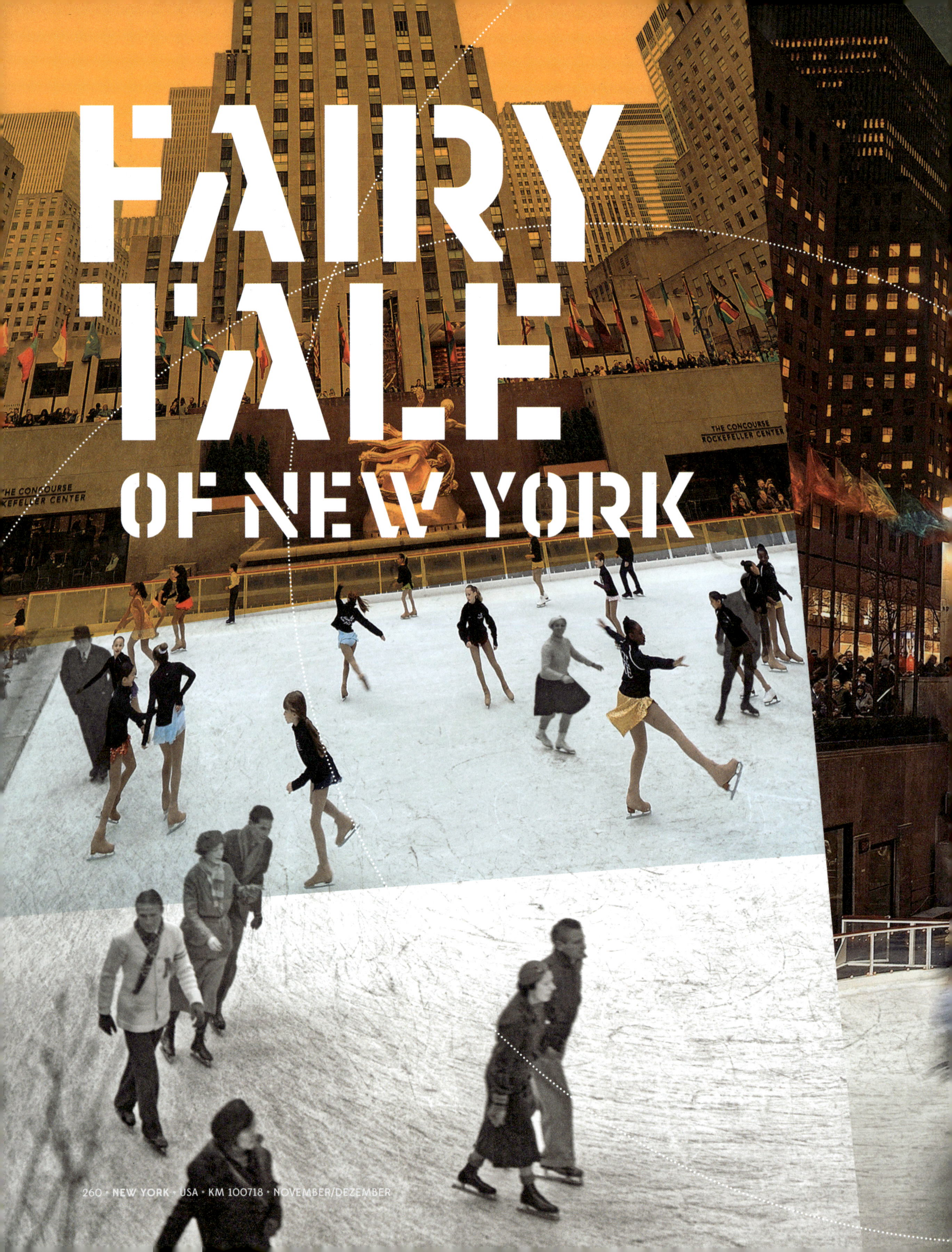

#47

MANHATTAN-MÄRCHEN – EISLAUFEN AM ROCKEFELLER CENTER

Müdigkeit nach einem langen Sightseeing-Tag? Die ist wie weggeblasen, auf der Eisbahn am Rockefeller Center, wo die New Yorker seit 1936 im Winter ihre Pirouetten vollführen. Weil man selbst leichtfüßig Runden drehen kann. Und wegen der wohlig-wehmütigen Erinnerungen an all die romantischen Big-Apple-Filme, die hier spielen. „And the bells were ringing out for christmas day", sangen die Pogues in „Fairytale of New York". Große Gefühle im Schein der 45 000 Lichter am gigantischen Christbaum.

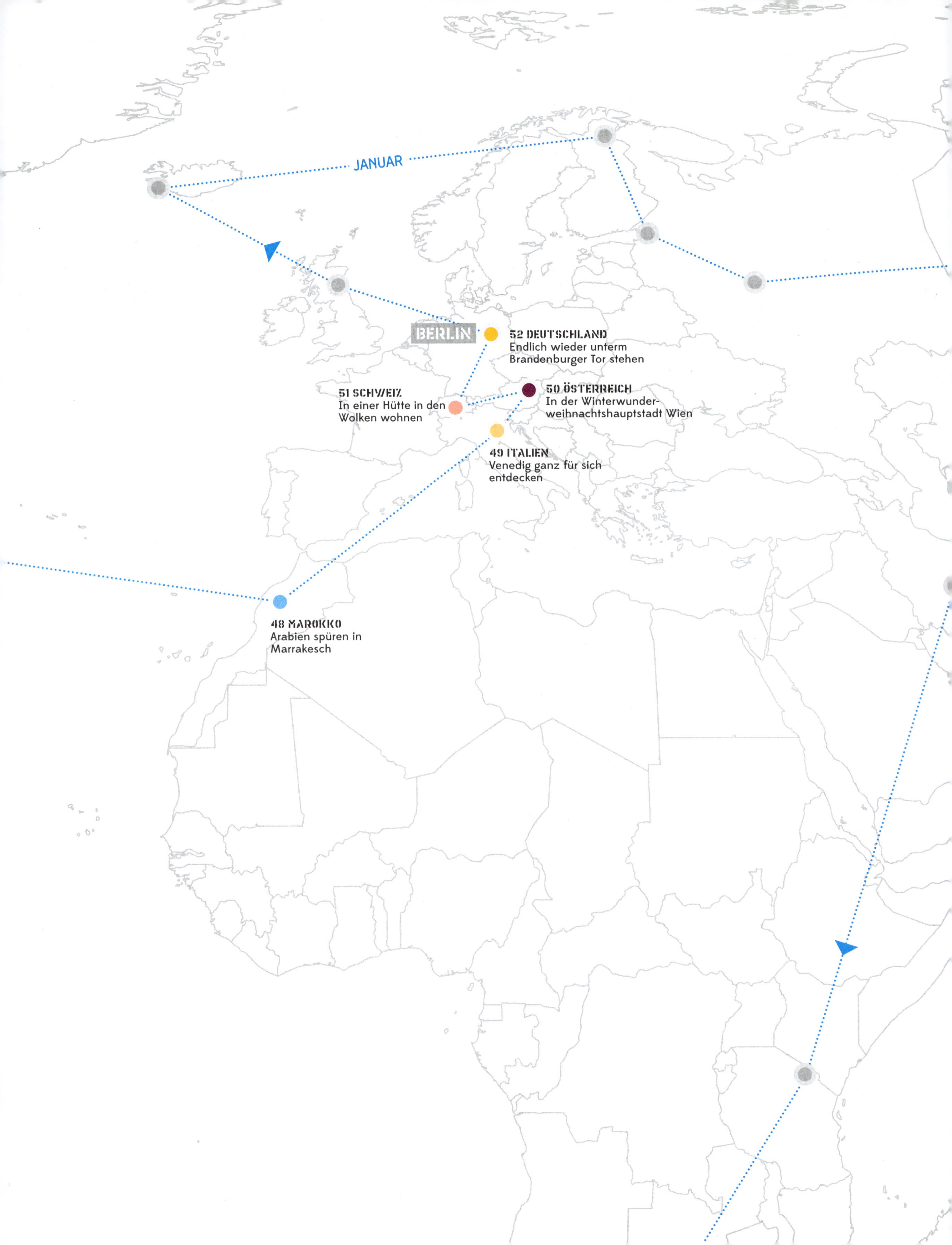
JANUAR
BERLIN
52 DEUTSCHLAND
Endlich wieder unterm Brandenburger Tor stehen
51 SCHWEIZ
In einer Hütte in den Wolken wohnen
50 ÖSTERREICH
In der Winterwunder-weihnachtshauptstadt Wien
49 ITALIEN
Venedig ganz für sich entdecken
48 MAROKKO
Arabien spüren in Marrakesch

DEZEMBER
KM 106588
–110791
FEBRUAR
JUNI
MÄRZ
MAI

MARRA-KESCH

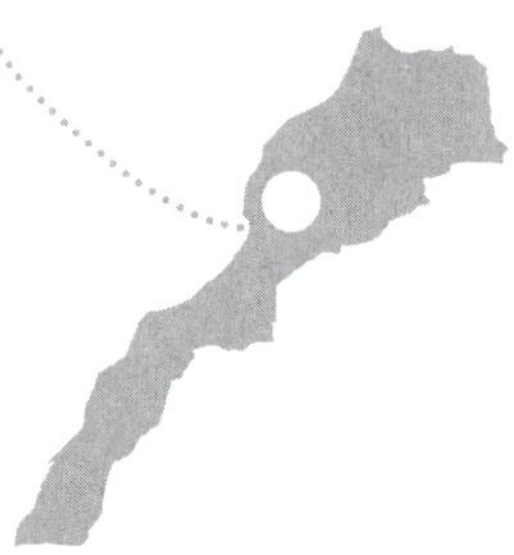

Noch einmal: Szenenwechsel.
Noch einmal: eine völlig andere Kultur.
Zwischenstopp: märchenhafter Orient.

Marrakesch. Königsstadt vor dem Panorama des schneebedeckten Atlasgebirges. Stadt der Händler, der Schlangenbeschwörer, Geschichtenerzähler, Gaukler, der Moscheen, Minarette und Paläste. Der historischen Riadhotels und des Djemaa El Fna, des turbulentesten, sinnesverwirrendsten, anstrengendsten, schönsten Marktplatzes der Welt.

IM GLANZ
DER PERLE
DES SÜDENS

Die warmen Farben Arabiens leuchten

LUSTVOLLES VERIRREN – DURCH MARRAKESCHS ALTSTADT STREIFEN

Durch den Souk geschlendert, gespürt, wie es hier früher mal gewesen sein muss, vor dem Touristenansturm. Trotzdem die Atmosphäre genossen, gefeilscht und gehandelt, Minztee getrunken, aufdringliche Händler abgewiesen, im Gewirr der Gassen verirrt.

#48

Den Weg gefunden, bei Sonnenuntergang auf dem Djemaa El Fna gelandet, Kapitulation der Sinne: Düfte und Gestank, Musik, Flüstern, Rufen, Raunen, ein Zerren und Ziehen, ein Sturm aus Menschen und Farben, ein Wirbel aus Licht und Schatten. Auftauchen, Atem schöpfen, Eintauchen. Sich treiben lassen.

TRÄ
VENE
DIG

#49

Süße Melancholie – Venedig im Winter erleben

Wenn die Gondeln Trübsinn blasen – dann lockt La Serenissima mit ganz besonderer Atmosphäre. Die Lagunenstadt im Sommer? Muss nicht sein. Zu laut, zu voll, zu teuer. Im Dezember? Die beste Zeit, um den ganz normalen Alltag kennenzulernen. Und um ein bisschen melancholisch zu werden, bei all der bröckelnden Schönheit.

DEN

TAG

WIEN

X-Mas-Shopping in New York, Adventsmarkt-Hopping in Wien – mit ganz viel guter, alter Weihnachtsatmosphäre.

Lichterglanz und der Duft von Punsch, gebrannten Mandeln und Würsteln satt: Wien wird zur Winterwunderweihnachtshauptstadt. Mal mittelalterlich, mal barock sind die Adventsmärkte, mal k.u.k., mal bio, mal Design, mal lauschig-alpenländisch oder riesengroß-touristisch. Da werden selbst Weihnachtsmuffel weich.

UND DEN MENSCHEN EIN WOHLGEFALLEN.

#50

DIE WINTERWUNDER-WEIHNACHTSHAUPTSTADT – IN WIEN ADVENT FEIERN

Das hat jetzt gerade noch gefehlt: Schnee.
In dicken Flocken. Damit ist sie perfekt, die Idylle:
Die Gässchen am Spittelberg hüllen sich in Weiß,
und ganz Wien träumt den großen Weihnachtstraum.
Aber bevor's zu romantisch wird:
Ab ins Museumsquartier, da legen DJs auf.
Dance the Santa Claus.
Wien, Du machst das einfach toll.

WÄRME
HERZ

STI

SCHW EIZ

Zeit für Rückblicke, in einer einsamen Hütte in den Schweizer Bergen.

Der Trubel der Welt, er soll zum Ende der Reise im Tal bleiben. In den letzten Tagen des Jahres heißt es, auf die vergangenen Monate zurückzuschauen. Und wo ließe sich das besser tun, als in romantischer Schneelandschaft, inmitten unglaublicher Bergpanoramen?

HEIM

51

HAUS IN DEN WOLKEN – IN EINER BERGHÜTTE IN DER SCHWEIZ WOHNEN

Noch einmal reicht der Sternenhimmel bis an den Horizont. Oder besser: bis an die Gipfel der umliegenden Bergriesen. Noch einmal klopft die Ewigkeit an, noch einmal das Gefühl, die Schönheit dieser Erde zu spüren. Bei Tag, wenn es hinausgeht in eine Welt aus Weiß. Und bei Nacht, wenn das warme Licht der Fenster wie eine Insel ist in der Eiseskälte. Und die Sterne funkeln bis ans Ende der Zeit.

279 • **BERNER OBERLAND** • SCHWEIZ • KM 110038 • DEZEMBER

ANGEKOMMEN

DEUTSCHLAND

Auf dem Weg zur Silvesterfeier mal schnell am Fernsehturm vorbeischauen.

Hier hat sich nichts verändert. Nur man selbst ist ein anderer Mensch, nach einem Jahr durch die Welt. Hat viel gesehen, und wohl ebenso viel verpasst. Es ist schön, wieder zu Hause zu sein. Die Freunde treffen, wieder aufgenommen werden. Und beim Erzählen dann, ein bisschen Wehmut: Schade, dass alles schon vorbei ist.

SEI UMSCHLUNGEN, MILLION – SILVESTER FEIERN IN BERLIN

Eine Million Menschen am Brandenburger Tor. Was für eine Party! Ist es wirklich ein Jahr her, das letzte Silvesterfest? Beim Hogmanay, unter Wikingern in Edinburgh? Eine ganze Welt liegt dazwischen. Die Reise, sie hat einen erkennen lassen, mit wie wenig man doch auskommen kann. Und wie viel man dafür zurückbekommt.

An der Freiheit geschnuppert

#52

Sich selbst begegnet
Bereit für alles, was kommt

LOGBUCH

JANUAR

#01
SCHOTTLAND
Riesenparty mit Wikingern
SEITE 8

Silvester in Edinburgh: Die Party in der schottischen Hauptstadt gehört zu den eindrucksvollsten der Welt. Hogmany steht nicht nur für die schottischen Silvesterfeierlichkeiten, sondern auch für den letzten Tag des Jahres. Woher das Wort kommt, ist ungewiss, womöglich stammt es von den Wikingern – und deren Vertreter verbrennen heutzutage am ersten Tag der Party regelmäßig ein Langboot.

GUT ZU WISSEN

In Edinburgh feiern Zehntausende drei Tage lang bei Konzerten, Fackelumzügen und Straßenfesten. Tickets sollte man sich früh genug besorgen, ebenso wie ein Hotelzimmer.

WETTER

Keine extreme Kälte, aber Schnee, Regen, Wind und kurze Tage.

WWW

- www.edinburghshogmanay.com
- www.edinburghfestivalcity.com

#02
ISLAND
Abtauchen in die eisblaue Wärme
SEITE 14

Wer Reykjaviks Blaue Lagune besucht, erlebt Islands Vulkanismus am eigenen Leib – und das auf fantastische Weise inmitten der eisigen Winterlandschaft. Das heiße Wasser aus den Tiefen der Erde entspannt und ist gut für die Haut. Die Insel der Vulkane liegt auf der Nahtstelle zwischen zwei Kontinentalplatten, dem Mittelatlantischen Rücken, daher ist ihr Untergrund in ständiger Bewegung.

GUT ZU WISSEN

Gäste können sich per Shuttle vom Flughafen zur Lagune (23 km) bringen lassen. Die unterschiedlich teuren Pakete reichen von Standard bis Luxury, müssen aber auf jeden Fall vorgebucht werden. Es gibt Wellnessanwendungen, Gepäckunterbringungsmöglichkeiten und ein Hotel, das über eine eigene Lagune verfügt.

WETTER

Temperaturen um den Gefrierpunkt, tagsüber herrscht vier bis fünf Stunden Dämmerlicht.

WWW

- www.bluelagoon.com

#03
FINNLAND
Verzaubert vom Polarlicht
SEITE 18

Naturphänomen mit nachhaltiger Wirkung: Der hohe Norden Skandinaviens ist mit seiner klaren Luft und dem Fehlen großer Städte ideal für die Beobachtung des Polarlichts.

GUT ZU WISSEN

Kakslauttanen Arctic Resort heißt das Hotel, in dessen Glas-Iglus sich das Lichtphänomen am Winterhimmel über Lappland besonders bequem bestaunen lässt. Auf Nordlicht-Safaris geht es per Langlaufski oder mit dem Hundeschlitten in die Wildnis. Flüge aus Reykjavik (über Helsinki) landen im nahen Ivalo.

WETTER

Eisige Temperaturen und viel Schnee.

WWW

- www.polarlichter.info
- www.kakslauttanen.fi/de

#04
RUSSLAND
Staunen über die Zarenpracht
SEITE 25

Der riesige Gebäudekomplex der Eremitage, zu dem auch der Winterpalast gehört, ist eines der größten Kunstmuseen der Welt. Der Besuch ist ein Muss – ganz wie das historische Zentrum von St. Petersburg mit seinen vielen prächtigen Bauten.

GUT ZU WISSEN

Tickets bucht man am besten online, am ersten Donnerstag im Monat ist der Eintritt frei. Ein Besuch will gut geplant sein, da es für einen einzigen Tag einfach zu viel zu sehen gibt. Flüge von Ivalo gehen über Helsinki (7 h), Bus und Zug sind 19 h unterwegs.

WETTER

Zugefrorene Flüsse, kurze, düstere Tage, bittere Kälte, Schnee – und wenig Touristen.

WWW

- www.hermitagemuseum.org

#05
RUSSLAND
Unter Kronleuchtern U-Bahn fahren
SEITE 31

Sie soll die schönste U-Bahn der Welt sein, die Moskauer Metro. Der Grund: ihre architektonisch prächtig ausstaffierten Bahnhöfe.

GUT ZU WISSEN

Nicht alle der rund 200 Stationen sind besonders bemerkenswert. Für eine Besichtigungstour sollte man frühmorgens, spätabends oder am Wochenende starten, dann sind die Züge nicht überfüllt. Tickets müssen vor Antritt der Fahrt entwertet werden. Schnellste Verbindung von St. Petersburg nach Moskau ist die Eisenbahn (ca. 4,5 h).

WETTER

Eisige Kälte und Schnee.

WWW

- engl.mosmetro.ru
- www.metro-in-moscow.com

FEBRUAR

#06
RUSSLAND
Transsib – 9288 Kilometer essen, schlafen, aus dem Fenster schauen
SEITE 36

Mit der Transsib von Europa nach Asien: Ein Trip auf der längsten befahrenen Zugstrecke der Welt gehört zu den ganz großen Mythen des Reisens.

GUT ZU WISSEN

Ohne Reservierung ist eine Fahrt mit der Transsib nicht möglich, das Ticket sollte man mindestens acht Wochen vor dem Reisetermin kaufen. Es schadet nichts, einen Reiseveranstalter, der sich um alles kümmert, zu diesem Zweck einzuschalten. Die 9298 km lange, sieben Tage dauernde Reise nach Osten verbringt man in einem Vier-Bett-Abteil.

WETTER

Die Zugfahrt geht durch einige der kältesten Gegenden der Erde, die Temperaturen können auf bis zu minus 60° C fallen.

WWW

- www.transsib.de

#07
JAPANISCHES MEER
Kreuzfahrt in den Sonnenaufgang
SEITE 44

Die Transsib endet in Wladiwostok, Russlands einzigem eisfreien Hafen an der Pazifikküste. Die aufstrebende Stadt zwischen Orient und Okzident ist aber nur eine Zwischenstation für die nächste Etappe der Reise: der Fahrt mit dem Schiff durch das winterliche Japanische Meer.

GUT ZU WISSEN

Einmal in der Woche, am Dienstagnachmittag, legt die Fähre „Eastern Dream" in Wladiwostok in Richtung Südwesten ab. Nach einem halben

Tag und einer Nacht Aufenthalt in Donghae in Südkorea erreicht das Schiff am Freitagmorgen Sakaiminato in Japan.

WETTER

Die Schiffsreise kann rau und ungemütlich werden, Fahrplanänderungen sind aufgrund der Wetterlage möglich.

WWW

– www.dbsferry.co.kr/eng

#08 **JAPAN**

Die Tradition im Land des Lächelns erleben

SEITE 48

Weil die Amerikaner im Zweiten Weltkrieg Kyoto nicht bombardierten, zählt die Metropole mit ihren unzähligen Schreinen, Tempeln, Palästen und Gärten zu den besterhaltenen des Landes. In der mehr als 1000 Jahre alten Kaiserstadt ist es, als erlebe man japanische Geschichte live. Und die Reise nach Tokio und zum Mt. Fuji ist ein Trip in die Zukunft.

GUT ZU WISSEN

Für Reisen innerhalb Japans – von Sakaiminato nach Kyoto und weiter nach Tokio – nimmt man am besten den Zug, sparen kann man mit dem Japan Rail Pass.

WETTER

Wie in Mitteleuropa: kalt, Regen oder Schnee.

WWW

– kyoto.travel/de

#09 **CHINA**

Shanghai – in die Zukunft der Städte reisen

SEITE 54

An der Uferpromenade The Bund stehen die prächtigen Kolonialbauten, gegenüber liegt die Sonderwirtschaftszone Pudong mit ihren futuristischen Wolkenkratzern: Shanghai, das ehemalige Fischerdorf an der Ostküste Chinas, stürmt ungebremst in die Zukunft – und reißt den Besucher in seinem Sog mit.

GUT ZU WISSEN

Deutsche Staatsangehörige brauchen für einen 72-stündigen Transitaufenthalt kein Visum. Der (Direkt-)Flug von Tokio nach Shanghai dauert zwischen 3 und 4 h.

WETTER

Typisches mitteleuropäisches Winterwetter.

WWW

– www.meet-in-shanghai.net

MÄRZ

#10 **PHILIPPINEN**

Chrom und Chaos – im Jeepney durch Manila

SEITE 58

Riesige Slums, funkelnde Wolkenkratzer: Die Unterschiede zwischen Arm und Reich sind in kaum einer Stadt größer als in Manila. Die philippinische Hauptstadt gilt mit ihrer umtriebigen Kultur-, Ausgeh- und Restaurantszene als eine der spannendsten Metropolen Asiens. Typisch auf den Straßen sind die Jeepneys. Man sollte zumindest einmal mit einem dieser Umbauten aus US-Militärjeeps mitgefahren sein. Doch die Tage der kunstvoll verzierten Kleinbusse sind gezählt: Sie sollen von den Straßen Manilas verbannt werden.

GUT ZU WISSEN

Jeepneys werden durch Handzeichen gestoppt und fahren zu festen Zielen, gezahlt wird an den Fahrer, indem die Mitreisenden das Geld nach vorne reichen. Achtung: Die Fahrzeuge sind nicht klimatisiert und oft überfüllt.

WETTER

Ganzjährig tropische Temperaturen, im März ist Trockenzeit.

WWW

– itsmorefuninthephilippines.com

#11 **MALAYSIA**

Unsere Vettern aus dem Dschungel kennenlernen

SEITE 62

Endloser Regenwald, einsame Strände, der 4000 m hohe Mt. Kinabalu – und Orang Utans: Borneo hat viel zu bieten!

GUT ZU WISSEN

Die Danum Valley Conservation Area und das Sepilok Orang Utan Rehabilitation Centre sind von Sandakan an der Ostküste Sabahs aus zu erreichen, einem der beiden malayischen Bundesstaaten auf Borneo. Zur Menschenaffen-Station fährt ein Bus, der Aufenthalt im Schutzgebiet muss vorgebucht werden. Von Manila: Flüge nach Kota Kinabalu (ca. 2 h), dann im Bus nach Sandakan (ca. 4 h).

WETTER

Tropisch heiß bei hoher Luftfeuchtigkeit.

WWW

– www.sabahtourism.com

#12 **AUSTRALIEN**

Am Uluru in die Traumzeit eintauchen

SEITE 70

Früher hieß er Ayers Rock, heute Uluru: Der „Schatten spendende Platz“ liegt im Herzen Australiens, umgeben von Wüste. Für die Aborigines ist der Uluru ein spirituelles Zentrum, an dem sich zahlreiche Traumpfade begegnen, die die heiligen Orte auf dem ganzen Kontinent verbinden. Seine Magie wirkt, sobald man den Monolithen zum ersten Mal am Horizont auftauchen sieht ...

GUT ZU WISSEN

Der Uluru ist auch per Flugzeug zu erreichen: 2,5 h von Darwin (von Sandakan über Kuala Lumpur ca. 13 h) nach Alice Springs plus 1 h zum Ayers Rock Airport (bei mehreren Inlandsflügen bietet sich ein Airpass von Qantas an). Spannender ist die Anreise mit dem Auto bzw. Camper über den Stuart Highway. Oder: mit dem Jeep durchs Outback, etwa über den Tanami Track. Was man auf keinen Fall tun sollte: auf den heiligen Berg steigen.

WETTER

Temperaturen von mehr als 40 Grad.

WWW

– www.parksaustralia.gov.au/uluru/index.html

#13 **AUSTRALIEN**

Finde Nemo!

SEITE 76

Wer noch nie getaucht ist, hier sollte er zumindest seinen Kopf unter Wasser stecken: Das Great Barrier Reef, das sind 2000 km Farbenpracht und Artenvielfalt im glasklaren Wasser an Australiens Ostküste.

GUT ZU WISSEN

Auf Schnorchler und Taucher – auch Anfänger – wartet eine perfekte Infrastruktur. Dutzende Anbieter haben von der Ein- bis zur Mehrtagestour alles im Programm. Tipp: Warme Kleidung für die Fahrt zum Riff mitnehmen, auf den Booten kann es kalt werden! In 2,5 h fliegt man vom Ayers Rock Airport nach Cairns.

WETTER

Temperaturen über 30 Grad, einige Regentage. Das beste Tauchwetter: Windstille und wolkenloser Himmel.

WWW

– www.gbrmpa.gov.au
– www.greatbarrierreef.org

#14 **AUSTRALIEN**
Sydney – Ganz easy das Leben genießen
SEITE 80

Ist Sydney nun die schönste Stadt der Welt? Wer einmal das entspannte Lebensgefühl zwischen Oper, Botanischem Garten und Harbour Bridge, Chinatown und dem Ausgehviertel Darling Harbour geschnuppert hat, reiht sie ganz vorn in den Top Ten ein. Was Sydney außerdem so attraktiv macht: Rund um die Stadt liegen fast 200 leicht zu erreichende Strände.

GUT ZU WISSEN

Sydneys am Wasser liegende Stadtteile und die meisten Strände sind per Fähre direkt aus der City zu erreichen: Infos unter www.transportnsw.info. Von Cairns: täglich Flüge auch von Billigairlines nach Sydney (ca. 3 h).

WETTER

Mild und mit geringerer Luftfeuchtigkeit.

WWW

– www.sydney.com
– www.australien-info.de/sydney.html

APRIL

#15 **NEUSEELAND**
Tatoo und Zungenschlag – erleben, was Rugby ausmacht
SEITE 86

Die All Blacks, die Rugby-Nationalmannschaft Neuseelands, gilt als das beste Team der Welt. Auch wenn Rugby bisher noch kein persönlicher Sportfavorit war: Die Stimmung im Stadion – vor allem bei einem All-Blacks-Spiel, das stets von den Spielern mit einem Maori-Kriegstanz eröffnet wird, ist toll und sagt viel über die kleine Nation am Ende der Welt aus.

GUT ZU WISSEN

Die Rugby-WM findet seit 1987 alle vier Jahre statt, die All Blacks sind mit etwas Glück aber auch bei Test- und Freundschaftsspielen zu sehen. Die nationale Rugby-Saison startet im Mai, doch im April kann man Spiele des Super-Rugby-Turniers besuchen.

WETTER

Auf der Nordinsel: um 20° C, zunehmende Regenhäufigkeit.

WWW

– allblacks.com
– www.superxv.com

#16 **NEUSEELAND**
Durch Märchenberge streifen
SEITE 90

Der Südwesten der Südinsel ist wirklich wild. Nur eine Straße führt in den 12 500 km² großen Fiordland-Nationalpark, der am dünnsten besiedelten Region Neuseelands. Hier wird Wandern großgeschrieben, inmitten urwüchsiger Wälder, steiler Berge und mannshoher Farne. Wahrhaftig: ein Feen- und Elfenland.

GUT ZU WISSEN

Für den weltberühmten Milford Track, aber auch für den Routeburn und den Kepler Track, muss man sich in der Hochsaison von Oktober bis April Monate vorher anmelden.
Im Nationalpark gibt es mehr als 50 Wanderhütten. Kajaktouren und Tauchausflüge sind möglich, Bootstouren werden am Milford Sound angeboten. Achtung: Schutzmittel gegen »sand flies“ ist Pflicht!

WETTER

Auf der Südinsel: Kühl bis kalt, häufiger (starker) Regen, auch Schnee möglich, Stürme.

WWW

– www.fiordland.org.nz
– www.newzealand.com

#17 **INDONESIEN**
Den Stimmen der Götter lauschen
SEITE 96

Bali, die Insel der Götter, ist der einzige Teil Indonesiens, in dem der Hinduismus und nicht der Islam die vorherrschende Religion ist. Nachdem jeder der mutmaßlich 20 000 Tempel auf der Insel einmal im Jahr gefeiert wird, findet praktisch immer ein Odalan statt: eine der tief beeindruckenden dreitägigen Tempelgeburtstagsfeiern samt religiöser Zeremonien und Jahrmarkt.

GUT ZU WISSEN

Bei Tempelbesuchen müssen auch Männer einen Sarong tragen, Zurückhaltung ist allgemein und besonders beim Fotografieren geboten. Von Christchurch (auf der Südinsel Neuseelands) aus fliegt man rund 8 h (Umsteigen auf einem australischen Flughafen).

WETTER

Trockenzeit, Temperaturen ganzjährig um 30° C, in den Bergen (Ubud) um 20°.

WWW

– www.balitourismboard.org
– www.tourismus-indonesien.de

#18 **INDONESIEN**
In den Bauch der Erde schauen
SEITE 102

Im Osten Javas liegt der Mount Bromo, einer der aktivsten Vulkane des Inselstaats. Wer ihn, vor allem zum Sonnenaufgang, besteigt, kann sich auf eine atemberaubende Szenerie gefasst machen: Über einer Art außerweltlicher Mars-Einöde schälen sich die Vulkankrater aus nächtlicher Dunkelheit und morgendlichem Frühnebel.

GUT ZU WISSEN

Von Bali aus fliegt man in etwa 1 h nach Surabaya, von dort aus sind es 2 h im Taxi zum Bromo-Tengger-Semeru-Nationalpark. Wer mit der Fähre von Gilimanuk auf Bali nach Ketapang auf Java übersetzt (30 Min.), fährt von dort 3,5 h mit dem Auto. Die Sonnenaufgangstouren auf den Bromo sind überlaufen und gelten als überteuert, in ca. 2 h kann man auf eigene Faust zum Sunrise Viewpoint laufen – und hat den Sonnenaufgang für sich alleine.

WETTER

Tagsüber kühl, nachts empfindlich kalt, Regen kann jederzeit einsetzen.

WWW

– www.blackdotswhitespots.com
– www.indonesia.travel/en

MAI

#19 **VIETNAM**
Mit der Dschunke durch das Fabelreich des Drachen
SEITE 106

Hunderte von Kalksteinkegeln ragen aus dem Wasser der Halong-Bucht im Golf von Tonkin im Nordosten Vietnams. Auch wenn die bizarre Landschaft aus rund 2000 Inseln mit Grotten und Höhlen voller Tropfsteine mittlerweile stark besucht ist, sollte man sie auf keinen Fall links liegen lassen: Die Dschunken ankern zwischen den Inseln, man geht schwimmen, paddelt im Kajak und genießt auf Deck den Sonnenuntergang.

GUT ZU WISSEN

Mehrtägige Touren mit der Dschunke bucht man am besten im 7 h entfernten Hanoi. Aber Finger weg von Billigtouren oder von den Angeboten der Schlepper: Deren Schiffe sind meist unsicher und nicht selten in Unfälle verwickelt.

Da Nebensaison herrscht, sind die Preise sowieso niedriger und die Bucht ist nicht so überlaufen.

WETTER

Heiß, es kann zu Gewitterstürmen kommen.

WWW

– www.blackdotswhitespots.com
– www.indonesia.travel/en

#20 THAILAND
Unbedingt probieren – die beste Küche der Welt!
SEITE 110

Gegessen wird in Thailand immer und überall. Und zwar: maximal lecker, mit wenig Fleisch, aber umso mehr Meeresfrüchten, mit vielen Gewürzen und jeder Menge knackigem Gemüse! Schlemmen kann man zwar auch in Restaurants, aber authentischer und meist sogar besser isst man an einer der vielen Garküchen.

GUT ZU WISSEN

Keine Angst vor den mobilen Imbissständen: Auch wenn viele improvisiert wirken, so wird doch (meist) auf Frische und Hygiene geachtet. Und wenn einem aufgrund des Küchenzustands einmal der gesunde Menschenverstand abraten sollte: einfach zum nächsten Stand wechseln, dort ist es womöglich sauberer und schmeckt ebenfalls fantastisch. Der Löffel gehört übrigens in die rechte Hand, gefüllt wird er mit der Gabel in der Linken. Achtung: authentisch bedeutet auch scharf!

WETTER

Bangkok: sehr heiß und feucht, dafür sind nicht so viele Touristen unterwegs.

WWW

– de.tourismthailand.org
– www.leckerbisschen.de

#21 MYANMAR
Dem Rauschen lauschen am Ngapali Beach
SEITE 114

Eigentlich steht das frühere Burma eher für Kultur und Kunstschätze – aber der Ngapali Beach gehört nun einmal zu den schönsten Stränden der Welt. Touristisches Strandleben sucht man am Golf von Bengalen vergebens: Eine Handvoll Resorts teilt sich den kilometerlangen weißen Sandstrand, man vertreibt sich die Zeit beim Baden und Spazierengehen und geht früh zu Bett. Ausspannen pur!

GUT ZU WISSEN

Anreise: Am besten per Flugzeug von Bangkok über Rangun nach Thandwe, da die Fahrt über Land anstrengend und unsicher ist.

WETTER

Die Regenzeit steht kurz bevor: Es ist heiß und die Häufigkeit von Schauern nimmt zu.

WWW

– www.tourismmyanmar.org

#22 MYANMAR
Schwerelos in Bagan über Pagoden schweben
SEITE 120

2000 Tempel haben Bagans Geschichte überstanden – und machen den Besuch der alten Königsstadt zu einem einmaligen Erlebnis. Natürlich ist der Ballonflug bei Sonnenaufgang über den Pagoden unvergesslich, aber auch der Blick zum Sonnenuntergang von einer der vielen Tempelterrassen ist wie der Blick in eine andere, vergangene Welt.

GUT ZU WISSEN

Die (um die 350 Dollar teuren) Ballonflüge finden vor allem von Oktober bis März statt, und auch dann gibt es keine Garantie, dass das Wetter mitspielt. Eine Besichtigung des riesigen Geländes ist auch per Rad fantastisch. Nicht vergessen sollte man eine Taschenlampe, da die meisten Tempel zwar voller Kunst stecken, aber innen nicht beleuchtet sind.

WETTER

Wechselhaftes Wetter vor der Regenzeit, Tagestemperaturen über 30° C.

WWW

– www.baganmyanmar.com

JUNI

#23 CHINA
Auf steilen Wegen den Emei Shan erklimmen
SEITE 126

Der Emei Shan (3099 m) ist der höchste der vier heiligen Berge des chinesischen Buddhismus. Mehr als 30 Klöster liegen an seinen Hängen. Man ist also in einer atemberaubenden Szenerie unterwegs, in der zum einen die chinesische Tradition lebendig wird, zum anderen verzaubert der Berg mit seiner exotischen Landschaft Fauna und Flora.

GUT ZU WISSEN

Zwei Tage sind Wanderer zum Gipfel unterwegs, wer nicht selber laufen will, kann sich auch in einer Sänfte tragen lassen. Übernachtet wird in einem der Klöster am Weg. Es geht auch bequemer: Ein Bus fährt bis auf 2500 m Höhe, von dort führt eine Seilbahn bis auf den Goldenen Gipfel.

WETTER

Temperaturen bis zu 28° C, Regen ist jederzeit möglich. Achtung: große Temperaturunterschiede zwischen Tal und Berggipfel.

WWW

– whc.unesco.org/en/list/779
– www.chinauniquetour.com/arts.asp?id=820

#24 CHINA
Berge wie Götter – mit dem Zug nach Lhasa
SEITE 130

Die Fahrt aufs Dach der Welt ist ein ganz besonderes Schienenabenteuer – kein Zug fährt in größerer Höhe wie die Tibet-Bahn. Für die nicht immer bequemen Umstände in den Waggons entschädigen die Blicke auf die immer wieder grandiosen Breitleinwandpanoramen des Himalaya.

GUT ZU WISSEN

Rund 24 Stunden dauert die fast 2000 km lange Fahrt vom chinesichen Xining ins tibetische Lhasa. Die bequemste Art zu reisen ist in den „Soft Sleeper“ genannten Vier-Bett-Abteilen. Um der Höhenkrankheit vorzubeugen, werden die Abteile mit Sauerstoff geflutet. Für die Einreise nach Tibet ist eine spezielle Genehmigung erforderlich.

WETTER

In Lhasa: warme Tage, kalte Nächte, intensive Sonneneinstrahlung in der klaren Höhenluft.

WWW

– www.cits.net/china-trains/xining-lhasa-train.html

#25 NEPAL
Schau mir in die Augen, Tiger!
SEITE 136

Am Fuß der Hochfläche teilt sich Nepal die fruchtbare, tropische Ganges-Tiefebene namens Terai mit Indien und Bhutan. In mehreren Schutzgebieten, etwa dem Chitwan-Nationalpark, kann man Nashörner, Elefanten und viele andere Tiere beobachten. Die bemerkenswerteste Begegnung: mit einem Tiger.

GUT ZU WISSEN

Friendship Highway nennt sich die Straße, die von Lhasa bis zur chinesisch-nepalesischen Grenze führt. Das nepalesische Visum bekommt man an der Grenze (Passfoto!), Busse und Taxis fahren nach Kathmandu. Dort kann man bei einem Veranstalter einen Ausflug ins Terai buchen oder selbstorganisiert weiterreisen (Tierbeobachtungstouren im Hotel buchen). Da im Juni der Monsun beginnt, sollte man sich vor der Fahrt über den Zustand der Straßen informieren – und im Zweifel doch das Flugzeug nach Nepal nehmen.

WETTER

Große Hitze, der einsetzende Monsun bringt Regen, es gibt aber auch noch trockene Tage.

WWW

– www.nepal.de/Safari

#26
INDIEN
Keine Macht dem Totengott – Varanasi verstehen
SEITE 142

Wer in Varanasi dieses Leben verlässt, so glauben es die Hindus, muss nicht noch einmal wiedergeboren werden – er kommt direkt ins Nirwana. Keine Stadt in Indien ist länger am Stück bewohnt gewesen wie diese, und deshalb gibt es nicht viel Heiligeres als sie. Wer sie besucht, macht die Erfahrung seines Lebens: Einen solchen Ort gibt es nicht noch einmal auf der ganzen Welt.

GUT ZU WISSEN

Wer Varanasi besucht, wird unmittelbar und überall mit dem Tod konfrontiert. Schwerkranke und Sterbende kommen nur zu einem Zweck in die Stadt: dass ihre Asche und ihre Gebeine im Ganges verstreut werden. Das ist für Europäer oft nicht leicht zu verkraften, wie so vieles in Indien, und sollte bei der Reiseplanung berücksichtigt werden. Besonders eindrücklich ist eine Fahrt auf dem Ganges mit einem gemieteten Boot bei Sonnenaufgang, wenn die Menschen im weichen Licht am Ufer stehen und ihre rituellen Waschungen vornehmen.

WETTER

Sehr heiß, der Monsun hat noch nicht voll eingesetzt.

WWW

– varanasi.nic.in
– www.varanasi.org.in

JULI

#27
INDIEN
Ganz bei sich selbst sein – Ayurveda in Kerala
SEITE 148

Eine Weltreise kann ganz schön stressig sein, ein zwischengeschalteter Wellnessaufenthalt also durchaus auch mal nötig. Ayurveda allerdings ist keine Wellness: Der Tagesablauf ist strikt durchgeplant, die Behandlungen dienen nicht dem Zurücklehnen und so manche Kräutermedizin schmeckt gewöhnungsbedürftig. Dennoch ist eine Auszeit in den friedlichen Backwaters von Kerala die perfekte Gelegenheit, das bis jetzt Gesehene zu verarbeiten. Und wenn man schon mal die Gelegenheit hat, Ayurveda in seinem Stammland zu erleben ...

GUT ZU WISSEN

Um sich zwischen den unzähligen Ayurveda-Angeboten in Kerala zu entscheiden, sollte man auf Reiseführer zurückgreifen. Wer die Backwaters in Kerala einfach so bereisen möchte: Mehr oder weniger luxuriöse Hausboote fahren auf mehrtägigen Touren durch das Labyrinth aus Wasserläufen, Seen und Kanälen – das auch während des Monsuns seine Reize hat.

WETTER

Ganzjährig tropisch heiß mit hoher Luftfeuchtigkeit, ergiebige Regenfälle im Monsun.

WWW

– www.keralatourism.org

#28
IRAN
Isfahan – dem Zauber islamischer Kunst erliegen
SEITE 154

Sie gilt als eine der schönsten Moscheen weltweit: die riesige Königsmoschee in Isfahan, die heute Masdsched-e Emam heißt. Der Prachtbau aus dem 17. Jh. mit seinen vier Minaretten und gigantischen Kuppeln, der eine Übersetzung des Wort Gottes in Architektur darstellt, ist über und über geschmückt mit Kalligrafien, Arabesken und Mosaiken auf blauen Fliesen. Besonders prächtig ist die sogenannte Mirhab, die Gebetsnische, die in Richtung Mekka weist. Das Gotteshaus liegt am Meidan-e Emam, einem prächtigen Platz im historischen Zentrum von Isfahan, der einem durch seine schiere Größe den Atem raubt.

GUT ZU WISSEN

Auch wenn sich der Iran langsam dem Westen öffnet, so herrschen im Land noch immer strenge Regeln. Das bezieht sich etwa nicht nur auf die Kleidung (Kopftuchpflicht), sondern auch aufs Fotografieren und andere Themen. Deutsche Staatsbürger benötigen ein Visum, Reisende müssen genügend Bargeld dabei haben: Im Land gibt es keine Möglichkeit, Geld zu beziehen, Kreditkarten werden nicht akzeptiert. Iran Air, Emirates und weitere Airlines fliegen z. B. von Trivandrum über Dubai nach Isfahan (ca. 10 h).

WETTER

Sehr heiß und trocken.

WWW

– www.tourismiran.ir/en
– isfahancht.ir

#29
TANSANIA
Kilimandscharo – die aufgehende Sonne begrüßen
SEITE 160

Eigentlich ist der Kilimandscharo kein Berg, sondern ein Massiv, dessen höchster Gipfel – und damit der höchste Punkt Afrikas – der Uhuru Peak auf dem Kibo bei 5895 m liegt. Seine Faszination für Bergsteiger bezieht der Kilimandscharo auch daraus, dass er direkt aus der ostafrikanischen Ebene aufsteigt und damit zugleich der höchste alleinstehende Berg der Welt ist.

GUT ZU WISSEN

Technisch ist der Kilimandscharo kein schwer zu besteigender Berg. Limitierende Faktoren für einen Gipfelsturm sind die Kondition und die Fähigkeit, die große Höhe und dünne Luft ohne größere Probleme auszuhalten. Sechs unterschiedliche, mehrtägige Routen führen auf den Berg, eine Besteigung ohne Bergführer ist nicht erlaubt. Der nächstgelegene Flughafen ist der Kilimanjaro International Airport, der von Dar es Salaam oder Nairobi angeflogen wird.

WETTER

Der Juli ist perfekt für eine Besteigung. Temperaturen tropisch (28° C) bis arktisch (-15° C), kalte Nächte, tagsüber intensive Sonneneinstrahlung.

WWW

– www.tanzaniaparks.com/kili.html
– www.kilimandscharo-besteigung.de

AUGUST

#30 BOTSWANA
Heia Safari! Das wilde Leben bestaunen
SEITE 166

Auf Safari gehen in Afrika? Am besten im Okavango-Delta in Botswana, schließlich tummeln sich hier, wie in dieser Dichte kaum anderswo in Afrika, Tiere aller Art und Größe zwischen Wasser, Fluss und Savanne. Und alles, weil der namensgebende Fluss mit seinen Fluten die Kalahari im Norden des Landes in ein feuchtes Paradies verwandelt. Wer hier in die Wildnis aufbricht, erlebt echtes Safari-Feeling in atmosphärischen Lodges und authentischen Zelt-Camps.

GUT ZU WISSEN

Der Safari-Tourismus ist in Botswana perfekt organisiert. Die Lodges im Okavango erreicht man weitgehend durch die Luft, die meisten der Fly-in-Safaris starten in der Kleinstadt Maun am Rand des Deltas. Von den Lodges aus geht man dann zusammen mit Rangern auf die Pirsch. Flüge nach Maun gehen von Nairobi über das sambische Livingstone.

WETTER

Perfekt, um Tiere zu beobachten: trocken, tagsüber um 20° C, nachts ist Frost möglich.

WWW

- www.botswanatourism.co.bw
- www.botswana.eu

#31 SÜDAFRIKA
Der Fall der Fälle – am Bungee-Seil in die Tiefe
SEITE 172

So richtig aufregend klingt der Name Garden Route ja eigentlich nicht. Doch weit gefehlt: An der Küste sorgen steil aufsteigende Berge für spektakuläre Szenerien, wechseln sich ab mit Buchten und Stränden, im Landesinnern verströmt die Kleine Karoo karge Wüstenatmosphäre. Am östlichen Ende der Garden Route üben Wagemutige den freien Fall: Der 216 m tiefe Bungy-Sprung von der Bloukrans-Brücke gehört zu den höchsten der Welt.

GUT ZU WISSEN

Die Garden Route reicht von Mossel Bay im Westen bis Storms River im Osten der Küste an der Südspitze Afrikas. Die Strecke ist beliebt, in der Hochsaison von November bis April sollten die Unterkünfte vorab reserviert werden, vor allem im Dezember und Januar. Buchung des Bungy-Sprungs im Internet unter www.faceadrenalin.com. Flüge von Maun über Johannesburg oder Kapstadt nach Port Elizabeth.

WETTER

Kühl, häufige Regenfälle.

WWW

- gardenroute.de
- www.gardenroute.co.za

#32 SÜDAFRIKA
Auge in Auge mit dem Großen Weißen
SEITE 176

Wer tauchen geht, erlebt eine völlig andere Welt. Eindrucksvoll ist die Begegnung mit der Tierwelt unter Wasser, unvergesslich wohl ein Zusammentreffen mit einem Weißen Hai. An Südafrikas Küsten ist der bis zu 6 m lange Raubfisch häufig anzutreffen, zufällige Begegnungen sind allerdings selten. Wer den Großen Weißen unbedingt in seinem natürlichen Element erleben will, steigt in einem Käfig ins Wasser – und ist danach ein anderer.

GUT ZU WISSEN

Touren nach Dyer Island, wo viele Weiße Haie anzutreffen sind, starten von Gansbaai aus, dauern 3 bis 5 Stunden und kosten um 120 Euro. Das Käfigtauchen ist nicht unumstritten, weil die Tiere mit Ködern angelockt werden. Man sollte bei der Auswahl des Anbieters darauf achten, dass dieser nur Geruchsköder verwendet und die Raubfische nicht gefüttert – oder für dramatischere Fotos gereizt – werden. Tauchen ist kein Muss: Die Haie können auch vom Boot aus beobachtet werden (Preisnachlass).

WETTER

Kühl, häufig Regenfälle, Südafrikas Winter ist die beste Zeit, um Weiße Haie zu sehen.

WWW

- www.gansbaaiinfo.com

#33 BRASILIEN
Das Dschungelbuch live erleben
SEITE 182

Was das Okavango-Delta für Afrika, ist das Pantanal für Südamerika: ein riesiges Feuchtgebiet, in dem es nur so wimmelt von Tieren. Der Artenreichtum ist atemberaubend und bei einer Fahrt mit dem Hausboot über den Rio Paraguai ist man mittendrin im wilden Leben im Wasser, am Ufer, auf Inseln und in der Luft.

GUT ZU WISSEN

Das Pantanal eignet sich besser zur Tierbeobachtung als der Amazonas, weil es hier keine Verstecke im Dschungel gibt. Touren, auch über die Transpantaneira, die einzige Straße ins Feuchtgebiet, starten in Cuiabá, Campo Grande, Corumbá oder Miranda. Wer auf eigene Faust reisen möchte, sollte Portugiesisch sprechen können. Flüge nach São Paulo von Kapstadt über Johannesburg, Weiterflug z. B. nach Cuiabá (5 h) oder Campo Grande (4 h).

WETTER

In der heißen Trockenzeit hat man gute Chancen, Jaguare zu beobachten.

WWW

- pantanalportal.de

#34 BRASILIEN
Weißes Rauschen – in den Hexenkessel der Iguaçu-Fälle
SEITE 186

Die Niagara-Fälle sind bekannter und an den Victoria-Fällen stürzt das Wasser tiefer, aber die Iguaçu-Fälle sind die imposantesten: Auf einer Länge von fast 3 km rauschen die Fluten tobend und gischtend über die 80 m hohe Abbruchkante. Und das alles vor einer betörenden Urwaldkulisse, in der eine Vielzahl seltener Tiere leben.

GUT ZU WISSEN

Die Iguaçu-Fälle liegen inmitten zweier Nationalparks auf der Grenze zwischen Argentinien und Brasilien. Man sollte unbedingt beide Seiten besuchen: Während man auf der brasilianischen panoramaartig die gesamte Breite der Fälle überblickt, führen einen auf der argentinischen Wege und Stege direkt über die Fälle oder an den Fuß des herabstürzenden Wassers – nass wird man in jedem Fall, auch bei einer Bootsfahrt mitten hinein ins große Tosen. Umweltschützer raten von Hubschrauberflügen ab, weil der Lärm die Tiere in den Nationalparks belästigt. Direktflüge von Cuiabá im Pantanal nach Foz do Iguaçu sind möglich.

WETTER

Kühle Temperaturen, kaum Regen.

WWW

- www.cataratasdoiguacu.com.br
- www.iguazuargentina.com/en

SEPTEMBER

#35 **ARGENTINIEN**
Steaks bis zum Abwinken
SEITE 190

Ein Asado ist ein soziales Ereignis, bei dem sich Freunde und/oder die ganze Familie treffen und gemeinsam stundenlang Grillen und das Essen zelebrieren. Wer Glück hat, kennt jemanden in der Satdt, der ihn zu diesem traditionellen Wochenendvergnügen einlädt. Andererseits finden sich etwa in Buenos Aires eine ganze Reihe hervorragender Steakrestaurants (Parrillas), bei deren Besuch zwar die soziale Komponente des Asado fehlt, das Fleisch aber ebenso lecker ist – und ebenfalls von riesigen Grills in scheinbar unendlichen Mengen serviert wird.

GUT ZU WISSEN

Wer zu einem Asado eingeladen wird, sollte nicht hungrig kommen: Die Zubereitung der verschiedenen Wurst- und Fleischsorten zieht sich über Stunden hin. Als Beilage werden (mehr oder weniger) Salat, Weißbrot und die typische Chimichurri-Sauce serviert. Besonders beeindruckend ist das Asado con Cuero („Gegrilltes mit Haut"): Große Fleischstücke werden dabei auf Spießen in Kreuzform am offenen Feuer gegrillt.

WETTER

Buenos Aires: kühle Temperaturen (um 15° C), niedrige Luftfeuchtigkeit.

WWW

- www.argentina.travel/en

#36 **CHILE**
Ans Ende der Welt wandern
SEITE 196

Und schon wieder so ein Sehnsuchtsort für alle, die das Fernweh plagt: Patagonien, Feuerland. Und dort: der Torres-del-Paine-Nationalpark mit seinen nicht nur unter Kletterern berühmten Felsnadeln. Zwar herrscht hier das ganze Jahr über extremes Wetter, aber die Traumlandschaft aus schroffen Gipfeln, türkisgrün leuchtenden Seen, schrundigen Gletschern, Wasserfällen und Eisbergen wirkt wie ein Magnet auf alle, die gerne wandern und sich unter freiem Himmel aufhalten.

GUT ZU WISSEN

Der bekannteste (und meist überlaufene) Wanderweg durch den Torres-del-Paine-Nationalpark ist der 4-tägige W-Trek, der zu allen bekannten Sehenswürdigkeiten führt. Anspruchsvoller, einsamer und noch spektakulärer ist der O-Circuit, eine 7–9-tägige Wanderung, bei der man das Massiv umrundet. Diese Tour erfordert gute Planung und Ausrüstung. Von Puerto Natales fahren täglich mehrere Busse in den Nationalpark, von Buenos Aires fliegt man über Santiago de Chile nach Punta Arenas (knapp 8 h).

WETTER

Kalt (max. Temperatur um 7° C), der Frühling beginnt gerade erst, dafür wenig Touristen.

WWW

- www.torresdelpaine.com
- www.back-packer.org/de/trekking-torres-del-paine-circuit/

#37 **CHILE**
Sterne gucken in der Atacama-Wüste
SEITE 202

Die trockenste Wüste der Erde, gelegen auf einer Höhe bis über 4000 m, umgeben von hochaufragenden aktiven Vulkanen:
Allein die Landschaft der Atacama sorgt bereits für unauslöschliche Reiseerinnerungen. Fehlt nur noch der Nachthimmel, der in der klaren Wüstenluft seine ganze Pracht entfaltet.
Nicht umsonst richten gleich eine ganze Reihe von Observatorien in der Atacama ihre Teleskope in Richtung All.

GUT ZU WISSEN

Eine perfekte Basis in der Wüste ist San Pedro de Atacama. In der Kleinstadt wird nicht nur Sandboarding – mit dem Snowboard die steilen Dünen hinunter – angeboten, sondern jede Menge Touren in die faszinierende Umgebung mit ihren Geysiren, Salzebenen, heißen Quellen, Hochgebirgsseen, Lamas und Wüstensiedlungen. In den Himmel geht es natürlich auch, mit der Agentur Space (www.spaceobs.com) und per Observatorium. Achtung: warm anziehen, in der nächtlichen Wüste wird es eisig!
Flug von Punta Arenas nach Calama (über Santiago 6,5 h), dann Bus nach San Pedro de Atacama (knapp 2 h).

WETTER

Tagsüber bis 20° C, nachts eisig kalt, die Hochsaison beginn im Oktober.

WWW

- www.sanpedroatacama.com
- chile.travel/en/where-to-go/atacama-desert

#38 **PERU**
Dem Wolkenpfad nach Machu Picchu folgen
SEITE 208

Der Anblick der Inka-Ruinen, überragt von vom Dschungel überwucherten Andengipfeln, ist so berühmt wie die Bilder vom Eiffelturm oder vom Grand Canyon. Und dennoch:
Wer zur magischen Morgenstunde in Machu Picchu ist, spürt, wie besonders dieser Ort ist, der in den Wolken zu schweben scheint.
Die einzig wahre, allerdings auch anstrengende Art, ihn zu erreichen, ist eine viertägige Wanderung über den Inca Trail.

GUT ZU WISSEN

Schon die Inkas sind dem Pfad gefolgt, auf dem heute Wanderer, ihrer Führer und Träger zur Ruinenstadt aufsteigen. Vier Tage dauert die klassische Wanderung, besonders der zweite Tag mit einem Pensum von 1200 Höhenmetern bis auf 4200 m ist sehr anstrengend. Alternative Trips dauern ein bis zwei oder auch sieben Tage. Die Zahl der Wanderer auf dem Trail – und der Besucher von Machu Picchu selbst – ist limitiert, Permits sollten in der Hochsaison Wochen im Voraus gekauft werden (www.machupicchu.gob.pe). Wer nicht laufen möchte: Von Cuzco fahren Züge nach Aquas Calientes (reservieren!), von dort geht es zu Fuß (8 km, steil) oder per Bus zu den Ruinen.

WETTER

Tagestemperaturen um 25 Grad, nachts kann es empfindlich kalt werden, selten Regen, starke Sonneneinstrahlung in der Höhe.

WWW

- www.peru-machu-picchu.com
- www.incatrailperu.com

OKTOBER

#39 **NICARAGUA**
Schon mal einen Quetzal gesehen?
SEITE 214

Es liegt wohl an der jüngeren Geschichte, dass Nicaragua einen schlechten Ruf als Reiseland genießt. Dabei ist der Bürgerkrieg lange vorbei, das Reisen ist sicher und zwischen Traumstränden und -inseln, Vulkanen und prächtigen Kolonialstädten eine wahre Wonne. Deshalb sollte man sich auch hier auf die Suche nach dem Göttervogel Quetzal machen, auch wenn er in der Vergangenheit meist mit Costa Rica in Verbindung gebracht worden ist.

GUT ZU WISSEN

Der Quetzal lebt in den immerfeuchten Nebelwäldern von Panama bis Südmexiko.
Der scheue Vogel, dessen prachtvolle Federn schon im Kopfschmuck der Tolteken und Azteken landeten, ist vom Aussterben bedroht, in erster Linie durch die Zerstörung seines Lebensraums: Er benötigt große, unberührte Waldgebiete. In Nicaragua kann man ihn im Naturreservat Datanlí-El Diablo beobachten, in Höhen um 1600 m. Von Lima aus geht es über Panama City oder San José in Costa Rica nach Managua, mit dem Wagen sind es dann noch 2 h bis Jinotega, dem Tor zum Naturreservat.

WETTER

Ganzjährig tropisch warm, im Bergland kühler. In der Regenzeit im Oktober können Hurrikane auftreten.

WWW

- www.exploredatanli.com
- www.world-of-animals.de/Tierlexikon/Tierart_Quetzal.html

#40

PANAMA
Kokosnüsse und Hängematten
SEITE 220

Ein Karibiktraum in einem Land, das in erster Linie durch einen Kanal bekannt ist:
Der Archipel der San-Blas-Inseln bietet mit seinen rund 350 Inseln und Inselchen jede Menge Entspannung und Mußestunden. Ob luxuriös oder einfach, die Bungalows und Hütten auf den Eilanden stehen unter wiegenden Palmen nur einen Steinwurf vom kristallklaren Meer entfernt. Das Leben ist wie eine Robinsonade: essen, schlafen, schnorcheln, träumen.

GUT ZU WISSEN

Zwar ist der Oktober wegen der Regenzeit nicht der optimale Zeitraum für einen Trip auf die San-Blas-Inseln, andererseits gibt es an der Karibikküste Panamas sowieso keine ausgeprägte Trockenzeit. Sprich: Regengüsse kann es jederzeit geben, oft gießt es auch nachts.
Den Aufenthalt und den Transfer auf die Inseln bucht man am besten in Panama City, dann geht es per Jeep und Wassertaxi zur gewünschten Destination. Air Panama fliegt mit kleinen Maschinen z. B. nach El Porvenir. Von Managua in Nicaragua dauern die Flüge nach Panama City etwa 2 h.

WETTER

Ganzjährig tropisch warm, das ganze Jahr über Regenfälle auf der Karibikseite.

WWW

- sanblas-islands.com
- www.visitpanama.com/en

#41

GUATEMALA
Die verlorene Stadt der Maya besuchen
SEITE 226

Gegen solch bekannte Namen wie Palenque, Uxmal, Chichén Itzá oder Tulum kommt Tikal nicht an: Die berühmten Maya-Stätten in Mexiko werden Jahr für Jahr von Touristen überrollt, während die größte aller Maya-Anlagen im guatemaltekischen Dschungel weit weniger Besucher anzieht. Die Anreise ist beschwerlicher – aber lohnt jede Anstrengung: So voll ursprünglicher Magie ist nur Tikal, dessen Ruinen zum größten Teil noch immer vom Dschungel überwuchert sind.

GUT ZU WISSEN

Von Flores aus, der nächstgelegenen Stadt (60 km), werden Touren nach Tikal angeboten, wer zum Sonnenaufgang dort sein möchte, muss um 4 Uhr aufstehen. Man kann aber auch auf eigene Faust mit dem Bus (1,5 h) zum Tikal-Nationalpark fahren, der um 6 Uhr öffnet.
Und wer etwas länger schlafen möchte: Drei Hotels und ein Campingplatz stehen direkt auf dem Gelände. Der ungehinderte Bilck auf die aufgehende Sonne ist nicht garantiert, da Nebel und Dunst die Pyramiden verhüllen können. Flüge von Panama City über Guatemala City nach Flores.

WETTER

Hochsaison in Tikal: tropisch warm, wenig Regen, hohe Luftfeuchtigkeit.

WWW

- www.tikalnationalpark.org
- www.tikalpark.com

#42

MEXIKO
Mit den Toten tanzen beim Dia de los Muertos
SEITE 232

An den mexikanischen Umgang mit dem Tod muss man sich erst gewöhnen. Während in Mitteleuropa das Ende des Lebens eher ein Tabu ist, ist es für die Menschen in Mexiko ein Teil des Lebens. Wie sehr, erlebt man bei den zwar fröhlich-bunten, aber dennoch zutiefst berührenden Feierlichkeiten des Dia de los Muertos Ende Oktober – eine Erfahrung, die das eigene Leben bereichert.

GUT ZU WISSEN

Der Tag der Toten wird in ganz Mexiko vom 31. Oktober bis zum 2. November begangen, aber besonders eindrucksvoll sind die Feiern auf der Insel Janitzio im Lago de Pátzcuaro, in Michoacán, Mixquic oder in Oaxaca. Fanden früher die Feierlichkeiten eher im Kreis der Familie statt, ist der Dia de los Muertos mittlerweile ein öffentliches Ereignis mit tausenden von Besuchern in den Hochburgen, enstprechend sollte die Reise im Voraus geplant werden.

WETTER

Oaxaca: wegen der Höhenlage (1500 m) Temperaturen um 20° C, selten Regen.

WWW

- www.kuriose-feiertage.de/02/11/der-tag-der-toten-dia-de-los-muertos/
- www.visitmexico.com/de/oaxaca

NOVEMBER

#43

USA
Magische Meilen auf dem Highway 1
SEITE 238

In den USA gehört ein Road Trip einfach zum guten Ton: Meile um Meile auf einer (möglichst) legendären Straße abzuspulen, fängt das amerikanische Lebensgefühl ein. Der Highway 1 ist so eine Legende, er führt einen vom glitzernden Los Angeles entlang der Pazifikküste, an traumhaften Buchten, weiten Stränden und einsamen Wäldern vorbei bis in die Nebelmetropole San Francisco.

GUT ZU WISSEN

California State Route 1, so heißt der legendäre Küstenhighway ganz offiziell. Man sollte sich Zeit lassen auf der Fahrt, an der Strecke liegen wunderschöne State Parks, Traumstrände wie der Pfeiffer Beach, der einsame Streckenabschnitt von Big Sur mit seinen hoch aufragenden Redwood-Bäumen, mondäne Orte und sympathische Surferstädtchen. Nicht verpassen: den 17-Mile-Drive bei Monterey. Unbedingt die Geschwindigkeitsbegrenzung einhalten und früh starten – im November sind auch in Kalifornien die Tage kurz.

WETTER
Los Angeles: Temperaturen bis 25° C, wenig Regen. In Richtung San Francisco wird es immer kühler (bis 17° C) und feuchter.
WWW
– www.visitcalifornia.com/trip/highway-one-classic

#44
KANADA
Den echten Powder in den Rockies erleben
SEITE 244

Die Großen Drei, die Ski Big 3, nennen sich die Skigebiete im Banff-Nationalpark: Mount Norquay, Lake Louise und Sunshine Village. Hier gibt es ihn, den berühmten, fluffig-leichten Champagne Powder, der für Abfahrten wie auf Wolken sorgt. Harsch und Firn sind in der trockenen Luft der Rocky Mountains dagegen Fremdwörter. Und die Pisten sind so ausufernd lang, dass man scheinbar endlos Schwünge ins Tal machen kann.
GUT ZU WISSEN
Mit einem Kombi-Pass kann man in allen drei Skigebieten unterwegs sein. Das bedeutet: zwei Gondeln, 26 Lifte und 290 km Piste in einem Gebiet von 16 km² Größe. Für Anfänger geeignet ist ein Viertel aller Pisten, rund 40% erfreuen geübte Skifahrer und der Rest ist für Experten. Im Unterschied zum weltberühmten Whistler kann man im Banff-Nationalpark sicher mit Schnee rechnen: Es fallen bis zu 9 m. Anreise: Flug von San Francisco nach Calgary, dann weiter mit dem Mietwagen.
WETTER
Temperaturen um den Gefrierpunkt, Schnee.
WWW
– www.skibig3.com
– www.ski-kanada.net

#45
USA
Mehr Fun erleben als auf dem Stratosphere Tower? Geht nicht!
SEITE 248

Las Vegas ist nun wahrlich nicht arm an Attraktionen, aber der Stratosphere Tower treibt es auf die stählerne Spitze: Dort, noch oberhalb der Aussichtsplattform auf 270 m Höhe, können sich Unerschrockene weitere 40 m in die Höhe schießen lassen – inklusive sekundenlanger Schwerelosigkeit und immensen Fliehkräften von 4 g. Und das ist längst nicht alles, auf dem höchsten freistehenden Turm der Vereinigten Staaten hat sich ein kompletter Vergnügungspark eingenistet.
GUT ZU WISSEN
Besuchern, die weniger adrenalinsüchtig sind, reicht der Kick, den die Aussicht bietet. Die ist übrigens ebenfalls fantastisch beim Essen im Drehrestaurant. Wer den Thrill sucht, wird beim erwähnten Big Shot, bei Insanity (eine Art Schiffsschaukel überm Abgrund) und X-Scream (angetäuschte Achterbahnfahrt in die Tiefe) fündig. Der Sky Jump am Stahlseil aus 260 m Höhe ist dann etwas für ganz Hartgesottene. Im Angebot sind Sparpakete, auch Übernachten ist im Stratosphere Tower möglich.
WETTER
Zwischen 15 und 20° C, sonnig und trocken.
WWW
– www.stratospherehotel.com

#46
USA
Noch einmal Sonne in Florida tanken
SEITE 252

Eine Durchschnittstemperatur von 25,5° C, was will man mehr? Vor allem dann, wenn in Europa der lange dunkle Winter lauert. Wer den Overseas Highway nach Key West unter die Räder des Mietwagens nimmt, kann auf jeden Fall eine ganze Menge Licht und Wärme tanken. Und eine ordentliche Portion Lässigkeit: Gerade Key West präsentiert sich als Mekka der Andersdenkenden und -lebenden, der Flip Flops, entspannten Nachmittage unter schattigen Palmen und gechillten Bars.
GUT ZU WISSEN
Von Miami aus sind es drei bis vier Stunden mit dem Mietwagen, dann ist der südlichste Punkt der USA in Key West erreicht. Allerdings sollte man sich Zeit lassen auf dem Weg, die Strände im Bahia Honda State Park genießen, im John Pennekamp Coral Reef State Park schnorcheln gehen, einzelne der rund 200 Inseln und Inselchen am Overseas Highway erkunden, fischen gehen oder Bootsausfahrten machen. Ein Badeparadies sind die Keys allerdings nicht: An der Küste verwehren meist Mangrovenwälder den Zugang zum Meer.
WETTER
Zwischen 15 und 20° C, sonnig und trocken.
WWW
– www.fla-keys.de

DEZEMBER

#47
USA
Manhattan-Märchen im Lichterglanz
SEITE 256

New York im Advent, das ist, als spaziere man durch ein einziges großes Filmset. Die Stadt zelebriert die Vorweihnachtszeit, als wäre sie der Hauptdarsteller einer herzerwärmenden, etwas kitschigen Romanze – was sie in vielen Filmen ja auch tatsächlich ist. New York im Advent, das ist Schwelgen in Nostalgie. Und in der leuchtenden Verlockung des Geschenke-Shoppings, für sich und für andere.
GUT ZU WISSEN
New York ist teuer, vor allem bei den Unterkünften und vor allem im Advent. Günstiger können Privatapartments sein, allerdings sollte man hier sehr genau auf die Qualität des Angebots und die Seriosität des Anbieters achten. Besonders Hotelketten bieten auf den Websites Sonderrabatte, auf die Preise werden noch Steuern aufgeschlagen. Williamsburg und Brooklyn sind angesagte Alternativen zu Manhattan. Die elektrischen Kerzen am Weihnachtsbaum an der Eisbahn am Rockefeller Center werden Ende November im Rahmen einer großen Show angeschaltet.
WETTER
Temperaturen um den Gefrierpunkt, es können ergiebige Schneefälle auftreten.
WWW
– www.newyork.de
– www.allny.com

#48
MAROKKO
Arabien spüren in Marrakesch
SEITE 264

Das Bild von 1001 Nacht, ist das nicht ein furchtbares Klischee? Ein Versprechen, das nicht eingelöst werden kann? Marrakesch versucht es – mit Erfolg. Dank Basaren und orientalischen Riad-Hotels, Schlangenbeschwörern und Gauklern, Moscheen und Minaretten. Vieles davon ist sicher genau jenen Touristen geschuldet, die auf der Suche nach dem arabischen Traum sind, wie etwa auf dem Djemaa El Fna. Aber selbst der weltberühmte Platz im Zentrum der Stadt hat sich ein großes Stück orientalischer Magie bewahrt.

GUT ZU WISSEN

Marokko gehört zu den vergleichsweise sicheren und politisch stabilen Ländern in Nordafrika. In Marrakeschs Souks verläuft man sich unweigerlich – und muss sich eben einfach neu orientieren, wenn man aus dem Gassengewirr heraustritt, etwa am weithin sichtbaren Turm der Koutoubia-Moschee. Wer mit einem lokalen Guide unterwegs ist, erfährt mehr über die Stadt und erzielt bessere Ergebnisse beim Handeln. Marrakesch ist berühmt für seine Riad-Hotels, in einer dieser wunderschönen Oasen sollte man absteigen.

WETTER

Temperaturen um 20° C, die Regenhäufigkeit nimmt zu.

WWW

– www.visitmorocco.com/index.php/ger

#49 ITALIEN
Venedig ganz für sich entdecken
SEITE 268

Im Sommer scheint Venedig mit jedem Touristen ein Stückchen mehr in der Lagune zu versinken. Im Winter dagegen ist die Last der Millionen von Besuchern verschwunden, die Serenissima und ihre Bewohner atmen auf. Auch wenn er als feiner Hauch in der kalten Luft steht, der Atem, auch wenn Nebel durch die Gassen zieht und womöglich sogar Acqua alta herrscht, das Hochwasser: So ruhig und schön ist Venedig nur ein paar Wochen im Jahr, eben im Winter. Wer jetzt durch die Gassen der Lagunenstadt streift, erlebt eine Seltenheit in Venedig: den ganz normalen Alltag.

GUT ZU WISSEN

Erst in den Weihnachtsferien muss Venedig wieder den nächsten Besucheransturm verkraften, aber man sollte auch vor den Feiertagen rechtzeitig ein Hotelzimmer reservieren. Der Transport durch die Stadt ist auch im Winter gewährleistet: Die Wasserbusse, die Vaporetti, fahren auch in der kalten Jahreszeit, ebenso funktionieren die Schiffslinien zum Lido und auf die Inseln in der Lagune. Wasserdichte Schuhe sind unabdingbar, wenn Hochwasser den Markusplatz überflutet.

WETTER

Temperaturen um 10° C, die Regen- und die Hochwasserhäufigkeit nehmen zu.

WWW

– www.veneziaunica.it/de

#50 ÖSTERREICH
In der Winterwunderweihnachtshauptstadt Wien
SEITE 272

Natürlich kratzt die Adventszeit in Wien so hart am Klischee wie der Traum von 1001 Nacht in Marrakesch. Aber die österreichische Hauptstadt ist nun mal die richtige Adresse, um nach all der globalen Exotik heimatlichen Zimt- und Tannenduft zu schnuppern: Die vielen Weihnachtsmärkte geben genug Gelegenheit, in nostalgischen Gefühlen zu schwelgen. Dazu die vielen stimmungsvollen Kaffeehäuser, um sich aufzuwärmen – was will man mehr?

GUT ZU WISSEN

Die genaue Zahl all der großen und kleinen Winter- und Weihnachtsmärkte wissen wahrscheinlich auch die Wiener nicht. Die Märkte unterscheiden sich nicht nur in der Größe, sondern auch der Thematik, es findet sich alles Mögliche zwischen traditionell (Spittelberg) und touristisch (Rathausplatz), Design und DJ-Musik (MuseumsQuartier), barock und k. u. k. (Michaelerplatz) und vieles mehr. Für aktuelle Infos empfiehlt sich eine Suche im Internet, auf vielen verschiedenen Websites werden die unterschiedlichen Märkte vorgestellt.

WETTER

Kaltes, nasses Winterwetter, Schneefall möglich.

WWW

– www.wien.info/de

#51 SCHWEIZ
In einer Hütte in den Wolken wohnen
SEITE 276

Eine lauschige Hütte in den verschneiten Bergen, nur erreichbar mit der Seilbahn und nach einem ordentlichen Marsch durch hohen Schnee: Idealer kann man eine Weltreise nicht ausklingen lassen. Sich einfach ein paar Tage Zeit nehmen, um die vorangegangenen Monate Revue passieren zu lassen, bevor der Alltag wieder beginnt. Ausbremsen im Tiefschnee, in weltabgewandter Höhe und unter einsamem Winterhimmel.

GUT ZU WISSEN

Wer sich auf Reisen begibt, sollte also auch Gedanken an das Ende des Trips verwenden. Vor allem dann, wenn er ihn in einer gemütlichen Berghütte in der Schweiz, etwa im Berner Oberland, zu Ende gehen lassen möchte. Ein solches Häuschen ein Jahr im Voraus zu buchen, ist keine Seltenheit mehr und in begehrten Gegenden sogar obligatorisch. Man hat die Qual der Wahl: einsame Lage oder in einem Bergdorf, luxuriös-rustikal oder kernig-einfach, mit Heizung oder Kamin, und und und. Buchungsportale für Hütten findet man im Internet, auch Buchungen über lokale Tourismusverbände (z. B. jungfrauregion.ch) versprechen Erfolg.

WETTER

Kaltes, nasses Winterwetter, das Berner Oberland gilt als schneesicher.

WWW

– www.myswitzerland.com
– www.huetten.com

#52 DEUTSCHLAND
Endlich wieder unterm Brandenburger Tor stehen
SEITE 280

52 Erlebnisse und eine Weltumrundung später: wieder zu Hause. Dieselben Straßen, dasselbe Viertel, aber selbst ist man jemand anderes. Zurück in den Alltag, geht das überhaupt? Die nächsten Wochen und Monate werden es zeigen. Ob es gelingt, all die positive Energie des vergangenen Jahres über die Zeit zu retten. Oder ob man heillos infiziert ist, vom Reisevirus. Vom Fernweh. Vom Reiz der Welt.

GUT ZU WISSEN

Eine Million Menschen feiern Silvester am Brandenburger Tor. Die Festmeile ist 2 km lang, Live-Auftritte von Bands, DJs, Show-Acts und jede Menge Stände mit Leckereien sorgen für Partystimmung und verkürzen das Warten auf das riesige Feuerwerk.

WETTER

Kalt, Schneefall ist möglich.

WWW

– www.berliner-silvester.de
– www.berlin.de

IMPRESSUM

Konzept und Texte
Jens Bey, Stuttgart

Gestaltung, Grafik und Satz
Andreas Mayer, Stuttgart

Bildredaktion
Sylvia Pollex, Leipzig

Projektbetreuung
Andrea Wurth, Olaf Deconinck

Chefredaktion
Marion Zorn

Reproduktion
PPP Pre Print Partner GmbH & Co. KG, Köln

1. Auflage 2016
MAIRDUMONT GmbH & Co. KG
Marco-Polo-Straße 1, 73760 Ostfildern
www.mairdumont.com

ISBN 978-3-8297-0240-9
Gedruckt in China

FSC
www.fsc.org
MIX
Paper from responsible sources
FSC® C011918

BILDNACHWEIS

airpano: 108|109, 256|257

Ania Blazejewska: 114|115, 116|117

Bildagentur Huber/Banks Jordan: 142|143, 144|145, 146|147; Forster Stefan: 104|105; Giordano Cipriani: 186|187, 188|189

Corbis/All Canada Photos/Ryan Creary: 246|247; Aurora Photos/Andrew Peacock: 160|161; Erich Schlegel: 162|163; Icon Sportswire/Allan Hamilton: 88|89; In Pictures/Fritz Hoffmann: 130|131; Jon Hicks: 32|33; Paul Souders: 160|161; Reuters/JACKY NAEGELEN: 86|87; Reuters/LUCY NICHOLSON: 32|33; ZUMA Press/Ryan Noble: 192|193

Dreamstime/Aleksandar Todorovic: 156|157; Ambientideas: 26|27, 186|187; Colin Killick: 32|33; Deboracilli: 72|73; Kobby Dagan: 248|249; Oakkyphoto: 52|53; Scaliger: 30|31, 12|13

f1 online/All Canada Photos: 246|247; die bildstelle/Rex Features Ltd.: 274|275

Fotolia/Juan Cristóbal Garcí: 192|193; piccaya: 222|223; vilainecrevette: 222|223

Getty Images/ Anadolu Agency: 258|259; Adri Berger: 30|31; age fotostock: 224|225; All Canada Photos: 208|209; amana images: 252|253; Aurora Creative: 138|139; AWL Images/Ken Scicluna: 42|43; AWL Images: 224|225; Blend Images: 82|83; Flickr: 268|269; Gallo Images: 136|137, 172|173, 174|175; George Clerk: 8|9; Gerad Coles: 196|197; Hemis.fr: 142|143; Image Source: 88|89, 252|253, 268|269; Lonely Planet Images: 58|59, 60|61, 64|65, 84|85, 110|111, 120|121, 146|147, 198|199; Martin Puddy: 116|117; Moment Open: 6|7; Moment: 84|85, 102|103; National Geographic: 206|207, 254|255; National Geographic Creative: 204|205; Panoramic Images: 182|183; Photo Researchers: 226|227; Photodisc/Doug Berry: 222|223; Photographer's Choice/Manuela Hoefer: 278|279; Photolibrary/Maremagnum: 144|145; Photolibrary/Timothy O'Keefe: 252|253; Photononstop: 204|205; ranplett: 164|165; Slaven Vlasic: 260|261; Spencer Platt: 258|259; Stone Sub/picturegarden: 220|221; The Image Bank/Bjorn Holland: 228|229; The Image Bank/Christopher Pillitz: 150|151; The Image Bank/Gary Yeowell: 266|267; The Image Bank/Terje Rakke: 174|175

Imaginechina: 56|57, 126|127, 128|129

imago/Bluegreen Pictures: 178|179; Haytham Pictures: 280|281; stock&people: 194|195

iStock/Bartosz Hadyniak: 134|135; charmedesign: 16|17; horsemen: 24|25; Jodi Jacobson: 78|79; mayo5: 174|175; powerofforever: 16|17; qldian: 78|79; semet: 78|79; Turnervisual: 72|73; Wiiinn: 82|83; JTB PHOTO/Interphoto: 260|261

Laif/Andreas Hub: 26|27, 62|63, 64|65, 166|167, 170|171; Anika Buessemeier: 148|149, 150|151; Anita Back: 192|193; Archivolatino/Diego Giudice: 192|193; Arno Gasteiger: 88|89; Aurora: 200|201; Aurora/HagePhoto: 198|199; Aurora/Robbie Shone: 62|63, 64|65, 66|67; Aurora/Tom Bol: 198|199; Bettina Flitner: 118|119; Bruno Morandi: 148|149; ChinaFotoPress: 128|129; Dermot Tatlow: 194|195; Dietmar Denger: 154|155, 156|157, 166|167, 170|171; Enver Hirsch: 110|111; Frank Heuer: 244|245; Frank Siemers: 150|151; Gallery Stock/Peter Keil: 56|57; GAMMA/XINHUA: 130|131; Georg Knoll: 264|265; Guenter Standl: 110|111; hemis/Jean-Paul Az: 202|203; hemis/Sylvain Cordier: 140|141, 182|183; hemis.fr/Emmanuel Berthier: 18|19; hemis.fr/Franck Charton: 138|139; hemis.fr/Hagenmuller: 278|279; hemis.fr/Jean Heintz: 276|277; hemis.fr/Marc Dozier: 102|103; hemis.fr/RENAULT Philippe: 260|261; hemis.fr/Stèphane Lemaire: 120|121; Hemispheres Images/RABOUAN JB: 128|129; IML: 176|177; JACANA/Christophe COURTEAU: 182|183; Jan Pieter De Pue: 154|155; Jeremie Souteyrat: 48|49, 50|51; Jörg Gläscher: 44|45; JOUAN/RIUS/JACANA: 64|65; K. Hoffmann: 2|3; Karl-Heinz Raach: 196|197; Le Figaro Magazine/Fautre: 90|91, 228|229; Le Figaro Magazine/Goisque: 190|191; Le Figaro Magazine/Martin: 190|191, 212|213; Le Figaro Magazine/Wallet: 156|157, 158|159; Le Figaro Magazine: 48|49, 50|51; Luceo/Kendrick Brinson: 232|233, 234|235; Markus Mauthe: 20|21, 22|23, 184|185; Max Galli: 14|15; Michael Wolf: 132|133; MOREAU/GAMMA-RAPHO/Laurent: 182|183; Norbert Enker: 190|191; Obie Oberholzer: 78|79, 172|173; Pierre Adenis: 280|281; Polaris/Murdo MacLeod: 10|11; Polaris Images: 250|251; Ralf Kreuels: 76|77; Redux/Gutierrez + Portefaix: 132|133; Redux/Sergey Kozmin: 36|37, 38|39, 40|41; Redux/The New York Times/DORDON WELTERS: 281; Redux/Tony Law: 130|131; Redux/VWPics/Dani Salva: 154|155; Stefan Falke: 258|259; Thomas Ernsting: 24|25; Thomas Linkel: 168|169, 170|171; Tobias Hauser: 104|105; UPI/Joe Marino: 178|179; UPI: 202|203; VU/Oculi/Andrew Quilty: 84|85; VU: 80|81; Wolfgang Stahr: 70|71, 72|73

Look/age fotostock: 26|27, 28|29, 92|93, 122|123, 160|161, 198|199, 222|223, 224|225, 238|239; Aurora Photos: 162|163, 242|243; Axiom: 148|149, 266|267; Bernard von Dierendonck: 24|25; Blend Images: 122|123; Brown Cannon: 218|219; Daniel Schoenen: 276|277; Hauke Dressler: 30|31, 160|161, 238|239; Hendrik Holler: 254|255; Holger Leue: 30|31; Karl Johaentges: 90|91; Konrad Wothe: 216|217; NordicPhotos: 14|15; Photononstop: 170|171; Rainer Martini: 170|171, 238|239; Reinhard Dirscherl: 78|79; Thomas Stankiewicz: 240|241

mauritius images/age/Richard Maschmeyer: 102|103; age: 226|227, 254|255; Alamy: 18|19, 24|25, 26|27, 28|29, 32|33, 42|43, 58|59, 74|75, 112|113, 114|115, 132|133, 136|137, 138|139, 140|141, 202|203, 204|205, 210|211, 214|215, 216|217, 228|229, 232|233, 234|235, 236|237, 250|251, 258|259, 268|269, 278|279; CuboImages: 254|255; foodcollection: 194|195; Gerhard Wild: 272|273; imageBROKER/Daniel Schoenen: 276|277; imageBROKER/Franziska Ritter: 172|173; imageBROKER/Helmut Meyer zur Capellen: 258|259; imageBROKER/Horst Mahr: 70|71, 72|73; imageBROKER/Jeff Tzu-chao Lin: 50|51; imageBROKER/Joachim Hiltmann: 258|259; imageBROKER/Josef Beck: 60|61; imageBROKER/Karl F. Schöfmann: 264|265; imageBROKER/KFS: 280|281; imageBROKER/Michael Dietrich: 230|231; imageBROKER/Michael Runkel: 188|189; imageBROKER/Michael Weber: 70|71; imageBROKER/Norbert Probst: 78|79; imageBROKER/Olivier Digoit: 216|217; imageBROKER/Otto Stadler: 110|111, 112|113; imageBROKER/Stefan Schurr: 206|207; John Warburton-Lee: 56|57, 224|225, 270|271; Minden Pictures: 66|67; Mint Images: 240|241; Pacific Stock: 176|177; Pascal: 268|269; Photononstop: 28|29, 226|227; Prisma: 240|241; Steve Bloom: 48|49; Steve Vidler: 60|61; United Archives: 228|229; Walter Bibikow: 26|27, 28|29; Westend61: 34|35, 36|37

Olaf Meinhardt: 42|43, 104|105, 264|265

picture alliance/africamediaonline: 172|173; Bildagentur-online/Zandbergen-McP: 162|163; Empics/David Cheskin: 10|11; Xinhua: 130|131

plainpicture/J. Scriba: 6|7; NOI Pictures: 106|107

Schapowalow/4Corners/Jordan Banks: 124|125; 4Corners/Richard Taylor: 118|119, 124|125; 4Corners/Tim Draper: 248|249; 4Corners/Tim Mannakee: 116|117; 4Corners/Yallop Alex: 40|41; Günter Gräfenhain: 118|119; HP Huber: 84|85; SIME/Guido Baviera: 270|271; SIME/Massimo Ripani: 224|225, 266|267; SIME/Sandra Raccanello: 270|271, 272|273, 274|275; Stefano Amantini: 266|267; Susanne Kremer: 250|251

Shutterstock/Solodov Alexey: 26|27; Maxim Blinkov: 238|239

Thomas Rötting/Sylvia Pollex: 54|55, 56|57, 96|97, 98|99, 100|101, 112|113

VISUM/Laurent Bouvet: 20|21

Cover
Dreamstime/Aleksandar Todorovic: mitte
Dreamstime/Idreamphotos: mitte rechts
iStock/Jodi Jacobson: unten
Thomas Rötting/Sylvia Pollex: oben